新时代
班主任的那些事儿

郭 蕾 / 主编

中国出版集团　现代出版社

图书在版编目(CIP)数据

新时代班主任的那些事儿 / 郭蕾主编. — 北京：
现代出版社，2020.9

ISBN 978-7-5143-8876-3

Ⅰ.①新… Ⅱ.①郭… Ⅲ.①班主任工作 Ⅳ.
①G451.6

中国版本图书馆CIP数据核字（2020）第184345号

新时代班主任的那些事儿

作　　者	郭　蕾
责任编辑	张　璐
出版发行	现代出版社
地　　址	北京市安定门外安华里504号
邮政编码	100011
电　　话	010-64267325　64245264
网　　址	www.1980xd.com
电子邮箱	xiandai@cnpitc.com.cn
印　　制	北京政采印刷服务有限公司
开　　本	710mm×1000mm　1/16
印　　张	10
字　　数	180千
版　　次	2022年6月第1版　　2022年6月第1次印刷
书　　号	ISBN 978-7-5143-8876-3
定　　价	45.00元

编　委　会

前言

仰之弥高，钻之弥坚！

记得申报龙岗区名班主任工作室时，评审团的老师问我："为什么想成立工作室？"我实话实说："做了近20年的班主任，常看到身边无论是年轻的班主任还是有一定经验的老教师，在管理班级与处理班级事务时，总是出现这样或那样的棘手问题。比如，与学生相处时剑拔弩张，与家长相处时手足无措，与科任老师相处时默契不足……"

工作室成立之后，我们秉着以工作室培养新时代优秀班主任作为第一核心目标，以探索高效的班级管理对策，激发团队成员的反思意识和创新实践能力为主要策略，促进工作室成员由经验型班主任向研究型班主任转变。充分利用工作室这个平台发挥示范辐射引领作用，传播优质的班级管理工作经验，宣传和推广新时代教育教学好方法。

团队聚集了来自全区各校的30多名骨干教师，他们热爱教育，喜爱学生，乐于思考，勤于实践，一个个关于自己与学生、自己与家长的经典故事，如同教育路上的串串铃声，清脆丁零，不绝入耳……

经过工作室全体教师的努力，我们集齐了四个系列的教育故事与大家共同分享学习。这些有趣的故事，希望可以让广大的年轻班主任找到属于自己的那一抹光彩，成为新时代的智慧型班主任。

目录

01

第一辑 班级故事

"虎师"来也

深圳市龙岗区园山街道西坑小学 陈 潇

从教11年，班主任就做了11年。带过的学生五六届，巧的是，几乎都是年级中最"优秀"的班级。这些年来，我如同"打怪升级"那样，把自己管理班级的本领越练越娴熟，战斗力也越来越强。与学生之间的故事，每天都在发生，想起往事，就如同仰望星空，那儿总有着最亮的几颗。

三四年前，我所带的班级每天幺蛾子不断，几个男生主导着班级的氛围——无心向学、捉弄同学、破坏公物……我虽也算经验丰富，也算见过风浪，可也每天提心吊胆，忧心忡忡……

其中有两个男生——小张和欧阳，是班级的"灵魂人物"。小张，皮肤黝黑。欧阳，小眼睛，皮肤白皙，身材修长。一黑一白，热爱篮球，是学校篮球队的成员，每天游走在教室和操场之间。小张性格乖张，欧阳安静些，可捣起蛋来，却配合默契，毫不含糊。

刚开学时，我已经从前任班主任处了解到他俩的"丰功伟绩"，也是在心里做好了准备。可这两个孩子还是给了我"耳目一新"的感受，闹出的事情次次不同，绝对是我教书生涯中的"拦路虎"啊！

有一次，班上的学生过来向我告状："小张课间把小聂的书倒到了垃圾桶里！"事情何等恶劣，我立马赶到教室。

这一节是语文课，但是我感觉必须及时处理这件事。当我铁青着脸走进教室，一声不吭地站在讲台上，持续了将近五分钟的时候，大概所有同学都明白原因了。我把小张叫了起来，问他："刚才班上发生了什么事吗？"小张也是老江湖了，脸不红心不跳地说："我把小聂的书扔进了垃圾桶。"见状，我更来气了，居然毫无悔意？我压住怒火问："为什么要这样做？""好玩。"听罢，我感觉我的脸都在抽搐了，如果不是在课堂上，如果不是面对着学生，我想我一定会骂对方"厚颜无耻"。但我是老班主任了，我冷静下来了！可是，事情就这样完了吗？不，我得追究到底，因为，这是我教育他们的绝佳时机。

见我没批评他，他居然有些沾沾自喜。没等他开心多久，我问他："把同学的书扔掉，你就能开心？"他可能没有料到我问这个问题，一时回答不上来。我继续追击："你把开心建立在同学的痛苦上，这样做道德吗？"他自知理亏，但是我不能就此打住。我深深地明白，有些学生无法做到将心比心，哪怕对方不开心又怎样？他们只在乎自己开不开心，从来不关心别人怎么想。

这时，我问："还有别人参与了这件事吗？"同学们纷纷指向两个同学，一个是欧阳，另一个是咱班平时看起来文文静静的女孩小涂。我问欧阳："有这回事吗？"欧阳这时有点怯，他没想到我连课都不上了，专门当着全班的面来处理这件事。他点了点头。我看向小涂，还没问，小涂就低头小声说："有……""为什么？"她回答不上来。"是不是觉得趁乱使个坏，不算事？"小涂这才点点头。

"同学们，巴掌不打在自己脸上，永远不知道痛。平日，老师没少通过讲故事、讲道理的形式教育大家需要'将心比心'，可是有几个同学真听进去了呢？今天，咱们不讲大道理，咱们来试验一下。"听到要试验，同学们一脸不解。"既然有同学为了自己的一时开心而做出伤害同学的事，还不知道犯了错误，那么咱们就在他们身上试验一下同样的事情。"这时，我明显感到小张、欧阳和小涂心里紧张了。但我并没有心软，因为我知道，只有这样，才能让他们对平时被他们欺负的同学感同身受。我问他们，愿意吗？他们无奈地点头。我示意：你们自己去做吧。于是犹犹豫豫之下，在全班的目光下，小张和欧阳把自己的两本书扔进了垃圾桶，小涂也把自己的一本书放到地上踩了一脚。事后，我问："你们感觉如何？"小张说："好脏。"欧阳说："自己的书被扔，不痛快。"小涂不说话，满脸通红。课后，小张跟小聂道了歉。后来，小张真的改变了很多，捉弄人的频率直线下降。

而我也并不后悔用了这样略为"极端"的手段。都说老师的教育要春风化雨，要循循善诱，要不伤孩子的自尊心。可是，凡事都是因事制宜。面对纪律氛围差的班级，我们除了摆事实、讲道理，还可以在合理范围之内适当地采用一些比较"极端"的教育手段，前提是我们了解学生的承受能力以及预知教育效果。

小张，纪律观念不强，对同学也缺乏同理心，平时被各科老师批评较多，早已经"油盐不进"，他万万没想到我摒弃了口头说教，而是让他把捉弄人的行为在自己身上重演一遍。他切身体会到了这种恶劣行为对自己的冲击，所以他接受了老师的教育。

对于安静的姑娘小涂，我也用了同样的方式。为什么呢？因为我要让班上的同学知道，我对待任何一个同学，无论你成绩优秀与否，平时表现好坏，在事情上，我都是对事不对人，做错了，就要接受教育或者惩罚。一视同仁，对于一位老师的教育来说太重要了。往往一位老师会因为学生的成绩优秀而对他日常犯的错宽松处理，而我通过这件事中对小涂的处理，真切地让全体学生明白，一视同仁并不是说说而已。

自此，这个班的纪律进入了一个转折点，一切都往好的方向发展。六年级毕业的时候，性格直爽的小张跟我说："老师，那时我真的懵了，我真没想到你能有这么一步，但是这对我挺受用的。以后每当想捉弄同学时，我都会想起那件事。老师，很感谢您，如果不是您，可能我以后会越陷越深，惩罚我的将是法律！"

是的，温柔的老师，偶尔也要变身"虎师"，适时地让学生牢记：教育不仅有春风化雨，还有那"当头一棒"。

卫生组长轮流当

深圳市龙岗区横岗中学小学部　黄伟红

上学期开学第二周的星期三下午，我去龙岗开会，开完会回到学校已经5点半了。我按照惯例去教室检查一下值日生打扫教室的情况，去到教室门口一看，我真是气不打一处来，只见地板虽然扫干净了，但是垃圾桶里的垃圾没有倒掉，讲台上的电脑没有关，两台风扇没有关。我看了一下讲台上面的值日登记表，记录那里一片空白，值日组长竟然没有做好登记。我生气之余把值日生没做好的地方拍了下来，心里想：明天一定要狠狠批评一下今天的值日生。

第二天早上，我去到教室，学生们已经在早读了。看着同学们认真读书的样子，我想：以前每一次同学们都会按要求值日，值日完后卫生组长检查，然后在登记表上记录好，从来没有出现过像昨天这样的情况啊！肯定是有原因的，于是我打算早读下课后再过问这件事。

早读一下课，我就对同学们说："同学们，黄老师昨天5点半回到教室，看到了惊人的一幕，你们知道是什么吗？"大家都睁大了眼睛看着我。我说："请看大屏幕。"我把昨天的照片放出来给大家看，好多人都发出"哇哇"的叫声。我请昨天的值日生站起来，轻声问道："请问你们能告诉我这是怎么回事吗？"一个叫小雅的女孩抢着说："黄老师，昨天两个卫生组长都参加鼓号队的选拔赛去了，剩下的值日生随便打扫一下卫生就回去了呢！"原来，昨天是鼓号队员的选拔赛，两个卫生组长刚好都被选去参加了，没有了组长的安排，其他组员打扫完地板就回去了，也没有人去登记表那里登记，因为他们认为登记是卫生组长的事，组长不在他们自然也就不用登记了，所以导致出现昨天的一幕。原来是这样。我让值日生坐下，对全班同学说："同学们，你们知道吗？教室卫生没有搞好，第二天肯定会影响大家的正常上课，更为严重的是，学校巡视人员来检查时如果发现我们班电脑和风扇没关，登记公布出来后我们班肯定会扣分，我们班就评不上好学守纪文明班了啊！以后如果卫生组长不在的话，要交代组员搞好卫生并做好登记！"大家点点头。

这时，小雅举手说："黄老师，卫生组长不在，其他人肯定不用心干的。"大家都附和。看着七嘴八舌的学生，我脑子里突然闪过一个念头：不如让值日生轮流当卫生组长。于是，我让同学们安静下来，说："同学们，老师有个想法，就是让值日生轮流当卫生组长，这样大家都可以检查值日结果，每个人都有机会在记录表上登记了。你们觉得这个方法可行吗？"大家异口同声地说："好！"我又跟同学们说："那就等鼓号队员选定以后，重新安排值日轮值，每天的值日生按照轮值表顺序，由两位同学担任卫生组长，组长组织好大家值日并做好记录，大家同意吗？"大家都举手赞同。

之后的几个星期，同学们没有让我失望，每天的值日生都在卫生组长的组织下按照要求打扫好卫生，卫生组长检查完在登记表上做好记录，每次下班前我去教室检查，发现教室里地板干干净净、桌椅整整齐齐。看到同学们的表现，我由衷地高兴：孩子们真的长大了，能干了！

如何用爱的艺术筑起爱的殿堂

——论教师如何以正确的方式关爱学生

深圳市龙岗区横岗街道大康小学 郭 敏

教师的爱是一种无私的爱，不求回报的爱，是师德的灵魂，是教师做好工作的重要前提，是推动学生发展的内在动力。然而，在现实的教育教学中却发现，教师虽然付出了足够的爱，学生却不为所动，感受不到，这说明我们在爱的方式上出现了问题。那么，教师该如何巧妙地渗透自己的关爱，让学生看得见、感受得到并沐浴其中快乐成长呢？

一、转变爱的方式，学会倾听

如何让学生感受到教师的爱，其基本点在于倾听。在我们的教育教学中，教师往往习惯了站在自己的角度去看待学生的表现，习惯了用自己认为好的方式去对待学生，有时候甚至把自己的想法强加给学生，而忽视了学生是独立的个体，是发展中的人，他们有自己的想法和需求。因此要让学生感受到教师的爱，就必须要了解学生，走进他们的情感世界，成为学生心灵不设防的朋友。

我曾经接手一个班级，班上有这样一个男孩：智商属正常水平，学习成绩偏差；不愿意参加集体活动，不愿意与老师和同学交流，人际关系较差；整天独来独往，沉默寡言，郁郁不乐。我想：为什么他与众不同呢？在他无所谓的面孔下隐藏着怎样的内心呢？我决心俯下身子，去倾听他的声音，了解他的心理需求。在一次交谈中，他告诉我：曾经他也受父母的百般宠爱，生活无忧无虑，成绩特别优秀，是其他同学羡慕的对象。但是在他读四年级的时候，母亲被无情的乳腺癌夺去了年轻的生命。父亲在悲痛过后又忙于做生意、应酬，很晚回家。再后来，父亲另找了女朋友，陪他的时间就更少了。我深深地知道：正是缺少来自家庭的关怀与温暖，使他产生了极其孤独的心理，渐渐地，他变得沉默寡言，终日郁郁寡欢了。平时表面上无所谓的他，内心特别需要温暖与关爱。于是，我创造各种机会让他表现自己的特长，让他在赞叹声中找回自信；让他多接触一些慷慨大度、乐于助人的同学，让同学们的好思想、好行为来感染他；让他当班级的"护花使者"，当班级的图书管理员；等等。他感受到了老师对他的重视与关心，同时也感受到了身上的责任。渐渐地，他懂得了站在别人的角度看问题，学会了关心他人，改善了人际关系，摆脱了孤独，走出了心理阴影，走向了阳光灿烂的新天地。

关爱孩子不仅要鼓励他们说出自己的心声，还要在课堂上尊重孩子们的话语权，让他们大胆表达，表扬他们的奇思妙想，在课后也要和他们多沟通交流。唯有如此，才能真正实现与孩子心灵的沟通、情感的共鸣和意识的同流；才能真正读懂孩子们内心的想法，从而用孩子们期待的方式去付出爱心，使他们真正感受到教师的爱。

二、营造爱的氛围，懂得等待

在教育中，等待是一种更具智慧的爱。当我们面对成长中的孩子的时候，总是会急切地希望把自己的知识和经验一股脑儿地传授给学生，却忘记了自己曾经也是一个孩子，自己的经验和智慧也是一步一步脚踏实地地积累起来的。这种急切的爱只会让孩子感觉到压抑，给他们的成长带来压力。所以，教师要学会等待，用静待花开的心态来面对孩子。因为每个孩子都是带着独特的生命密码来到人间的，他们有自己独特的学习方式和进度，他们有自己的成长花期。最早开放的那朵花和最晚开放的那朵花是一样的灿烂，所以，当学生答不出问题的时候，不要急于给出解答，不妨多给他们一些时间去思考和探索；当学生犯错的时候，不要急于进行指责，可以引导他们进行自我反思。

我们班的小德同学是班级里赫赫有名的人物，他对父母犟头倔脑，对老师不屑一顾，在同学之间"作恶多端"。有一天中午，一位班级干部急匆匆地来向我报告：小德在抽屉里玩一把尖尖的小铁刀。一听说这么危险的东西，我不敢怠慢，立马向教室走去。此刻他正得意地在同学们中间耍酷呢。曾经三令五申不可以带危险品，但他还是偷偷地带来了。想到这，我气不打一处来，准备逮他个正着，好好修理他一番。可转念一想，小德向来不老实，如果此时他抵赖，再加上"抵抗"，那岂不是有失威信？于是我改变了策略，平静地对他说："小德，这么危险的东西，伤害到同学们后果不堪设想，老师帮你保管好吗？"看到老师没有发火，小德惊讶之余又犹豫了。我趁热打铁："我花10元钱买下，怎样？"小德愣住了，完全没有想到平日里严厉的老师不按套路出牌，于是半信半疑地说："真的吗？"我随即掏出10元钱，往桌上一拍，说："一手交钱，一手交货。"小德支支吾吾地说："给您……不……不要钱。""你从哪里弄来的危险品？班上还有哪些同学有这样的危险品？"小德一听老师要他交代同伙，立马不愿意了，说："没有，真的没有了。"我深知小德也是个讲义气的人，所以我控制住了自己的情绪，没有刨根问底，而是对他说"老师相信你"，暗中则观察他的动静。第二天，小德主动和他的同伙来找我，承认了错误，交出了危险品并保证下不为例。

所以在教育教学中，我们要多一份耐心，多讲究点策略，特别是对于那些调皮捣蛋的学生，更要多一些等待。这种积极的等待，看上去是一种无为，其实是一种更深沉和更理智的爱。这样的爱，会给孩子们营造出一种自由呼吸的氛围，使他们在自我反思中成长，在轻松愉悦的环境中成长。

三、释放爱的力量，善用激励

第斯多惠说过：教学的艺术不在于传授本领，而在于激励、唤醒和鼓舞。同样，爱的艺术也是如此。孩子们有与生俱来的被认可和被欣赏的需要，只有真正满足孩子们需要的爱，才是被孩子们所接受的。因此要让孩子们感受到教师的爱，就需要我们转变方式，变责备为欣赏。

我们班小江、小河是双胞胎兄弟，因为身体方面的原因，他们的口齿不太清楚，但上课的时候却特别爱说小话；对学习没有兴趣，作业经常完不成，偶尔完成也是书写特别潦草；特别是小河爱推卸责任，不愿意承认是自己的问题，对老师的教育不理不睬，很是让人头疼。于是，我转变教育策略：不仅让他们自己和自己比进步，而且让他们兄弟之间比进步，同时我也把激励带进课堂。当他们出现进步的时候，我奖励他们一朵小红花或通过一句真诚的赞美"老师为你的进步感到骄傲"，使他们因老师的认可迸发出更大的进步欲望。现在，他们兄弟俩你追我赶，学习劲头十足。

在教学中，我们也可以用好无声的语言艺术，如一个肯定的眼神，一个赞许的表情或一个高高竖起的大拇指，都能让学生充分感受到教师的关注与期待。除此之外，教师还要具备一双慧眼，善于挖掘学生的闪光之处，找到每一个孩子的优点并在恰当的时候送出我们的掌声，使其在教师的期待和关爱中享受喜悦，创造成功。

总之，没有爱就没有教育，爱是教师厚重的职业底色。我相信，只要我们艺术地转变爱的方式，对孩子多一些倾听，多一些理解，多一些鼓励，我们的爱就如春风化雨般滋润每个孩子的心田，使每一个孩子都能享受到教师的爱，都能在爱的环境中健康成长，并学会以仁爱之心去对待身边的人和事。而这样的爱就如一泓清泉，将会持久滋润学生的一生。

班级管理 "新思维"

深圳市龙岗区横岗街道四联小学 赖江晓

人们都说：班主任是这个世界上最小的"主任"，也是这个世界上角色扮演最"出色"的人，因为他们可以一会儿是教师，一会儿是警察，一会儿是医生，一会儿是艺术指导。

在这些细致烦琐的工作中，要将班级管理得有条不紊，需要有一定的策略。我们知道就算是有多年班主任经验的老教师，都不敢保证自己在管理班级的路途中永远不遇到困难。那么，在班级管理中对于突发事件，你一般是如何解决的呢？下面我来介绍一下自己在班主任管理工作中突发奇想的一些新点子。

一、如何让低年级孩子将安全放在心中

近年来，国家对安全教育工作抓得非常严，这对教师和孩子们来说无疑是一件幸事。但如果教师玩忽职守，孩子在校园内出现安全事故，班主任将会是第一责任人；如果孩子在校外出现安全事故，班主任也要承担教育中的一部分责任。所以，安全重于泰山，这话要时刻牢记。

以我多年班主任的工作经验来说，安全问题肯定放在首位，并时时刻刻提醒孩子们，这个不能做，那个不可以；哪些地方有危险，哪些地方不能去。尤其是面对低年级的小朋友，除了再三叮嘱外，还会安排"值日生"进行课间管理，得空的时候我也会去巡查。

有一天，小玲写完字，手中的铅笔没及时放回文具盒，与喜欢跑步的小方撞上了。小方手臂被扎了一个深深的小孔，当场大哭起来。小玲虽是无意，却还是为戳到同学的手臂感到内疚。这件事情中两个孩子都很难过，小方是受害者，小玲是无辜者，都不好批评。在安抚了两个孩子以后，我跟双方的家长做了相应的沟通。虽然家长通情达理，但这事似乎在我心里烙下一个疤，接下来的几天，我总是提心吊胆的。

我心想：为什么每天千交代万叮嘱的，还是会出现这样的安全事故呢？孩子们还小，有些事情听老师讲一遍、两遍，他们肯定是记不住的。我也不可能天天蹲在教室里看住他们，而这个问题必须要解决。怎样才能让他们记得牢一些呢？我躺在床上，辗转反侧，一夜未眠。

后来，我突发奇想：如果要让每一个孩子都能意识到校园里方方面面的安全问题，就一定要让他们自己掌握并时刻警醒。第二天，我布置了一道亲子作业，让同学们用一张A4纸列出校园安全问题有哪些。考虑到一年级孩子识字量少，书写有困难，我特意叫家长陪同完成，也允许用拼音或图画来表示。完成之后，我将全班每一位同学做好的作业都张贴在课室的宣传栏里，让大家课间的时候都去看一看，互相欣赏、互相学习、互相提醒。

之后，我发现我们班摔伤、碰伤、扎伤的情况比之前好了太多，而我这个班主任也省心了不少。

二、如何高效地完成家访工作

自龙岗区教育局举行"千万教师进家庭"活动开始，老师们都在为这项工作找不到着手点而苦恼。一个班50个孩子分散在学校四周，老师们能够外出家访的时间很有限，要想在一个学期内达到100%的访问率，还是有很大的困难。更别说还有个别同学可能会在方圆十里以外的地方，那作为新接任的班主任应该如何着手呢？

首先，我看了一下《学生的基本情况登记表》，上面有每一位学生的具体地址。我发现我们班有部分孩子住在同一个小区，于是我就产生了划片区家访的想法。我在班级微信群里大概说了一下自己的想法之后就让家长们接龙。于是，家长们也热闹起来了。刚开始大家接得还好，但后来越往下接越乱，于是我又得到了一份类似《学生的基本情况登记表》中的地址。怎么办？还是不好统计。

思来想去，我灵机一动，有了！我可以利用微信中的共享实时位置进行统计，以学校为中心，从地图上可以知道全班同学大概分布在哪些区域。我约了家长们晚上8点一起打开"共享实时位置"，时间一到，大家如约而至进入了共享位置。通过这个分布图，我进行了一个记录，很快就分好了十个板块，然后发给家长重新开始填报，大家很快找到了自己家相对应的区域。了解到大家的位置并划分好之后，我开始了接下来的家访工作安排。

三、如何让家长会开到"出彩"

学校每学期都会召开一次家长会。作为经验老到的班主任，很多时候对于这项工作都抱着一种换汤不换药的想法，揣着多一事不如少一事的心态，站在台上把学生的各种表现说一说，如课堂纪律、作业、课间安全、班级活动等这些已经发生过的事情做一个总结性的发言；然后再表扬一下表现好的几个孩子，顺便再叮嘱一下表现不好的几个孩子家长，接下来的时间要配合完成以上种种。

随着信息时代的发展，网络交流平台的涌动，平时的QQ、微信、班级群早就已经播报过这些内容，又何必多此一举再开一次这样的家长会呢？作为班主任，将一次家长会开到"出彩"并让大家都有所收获才是智慧的选择。

在深圳，我们的学生来自五湖四海，我们的家长更是卧虎藏龙。随着国民素质的提升，家长们的认知水平也越来越高，在教育孩子方面也往往有自己的一套。所以，我做了一个大胆的尝试，让家长来主持"家长会"。

会议前，在班级里挑选出一些具有代表性的家长进行私聊沟通。先了解一下家长平时教育自家孩子的教育理念是什么，然后问问他用什么方法来教育自己的孩子，又是如何培养孩子的自主管理能力，在生活上如遇到孩子发生不良行为时会采取什么教育措施，等等。只要这位家长具有一两项可学习的地方，我就诚恳地邀请他做家长会的发言人。

一次会议中可以选择五六个家长进行发言。内容可以是学习习惯的培养，生活习惯的培养，阅读习惯的培养，感恩教育，等等；还可以是一些关于"特殊孩子"

的相处之道。家长综合素质高的，可以给他们定一个主题进行分模块交流。当家长以"同身份"的角度来指导家长们时，远比我们老师站在台上滔滔不绝来得更亲切。

如今教育已不是学校单方面的事情，家庭和社会都起着不可或缺的重要作用。借力家长，家校共育，是这个时代的必经之路。

02

第二辑 家长故事

心若巧，家校通

深圳市龙岗区园山街道康艺学校　詹艳玲

　　网络上流传着这样一句话：做班主任就是在渡劫。那么，如何让自己顺利"渡劫"，收获自己的一片桃林，还真是个费脑筋的事儿。

　　班主任工作烦琐、辛苦、吃力不讨好，有时还让你有苦说不出。平时除了要做好自己的本职教学工作外，与家长打交道也是我们日常班级管理工作中的一项重要任务。我们每天都在用不同的形式进行着与家长的交流工作，电话、微信、QQ、钉钉、短信、家访……这些方式为我们提供了便利，但有时候我们也会反思自己：同样的一件事情，我们也是按照同样的流程做的，为什么别人可以处理得妥妥帖帖的，而我们却不能？究其原因，还是自己沟通时的准备工作与技巧方面有所欠缺。根据多年的"修炼"经验，我认为可以从如下几个方面入手。

一、关注每一个孩子是沟通的基础

　　我们要利用好班级群做好班级日常情况的汇报工作。经常将孩子在校的图片发到班级群里并做出一些点评，以表扬或者介绍为主，让家长感受到我们时时刻刻都在孩子的身边，关注着每一个孩子，感受到我们在很细心地、很尽心地教育孩子。平时我们也要加强与科任老师的交流，经常询问科任老师关于班级学生的情况，这些都可以为与家长的交流增加素材，同时这也是我们班主任工作细致的一种表现形式。

平常在关注孩子时不仅仅是学习方面的，更多的是生活中的点滴。比如吃饭、增添衣服、身体状况等方面，其实这些生活小事更能打动人，也更能展现老师是真的把心放在每一个孩子的身上。

有了以上的话题内容为基础，我们和家长之间就有话可说了，有话说了就会有感情产生。当孩子出现问题时，我们的人情面子此时就会起到重千斤的作用。为什么有时候我们会觉得有的家长好讲话，一方面是家长的性格较好，另一方面是我们平时交流得多，有了深厚的感情，所以我们说的话在他们的心中有"圣旨"一般的效果，他们就算有一些意见也会自动保留了。

二、尊重家长是沟通的感情基础

我们要尊重、公平对待每一位家长。我们学生的家长文化素质不同、职业不同、性格不同，所以我们在与他们交流的时候要尽量尊重并平等地对待他们，切不可摆出一副高高在上的样子。尤其是有些家长因为家庭环境较差或者职业较底层，在老师面前会有一种自卑心理，与我们交流时觉得老师会看不起他。因此，当他的孩子发生问题时，就会认为老师偏爱其他的孩子，不喜欢他的孩子。如果因为家长心中的偏见而让问题扩大化，那我们的工作自然而然也变得很被动了。

管理好自己的语言情绪也是家校沟通的必修课之一。人人都把老师当作神，其实老师也是人，也有七情六欲。但是在家长的面前，我们只能扮演"神"的角色，所以无论孩子发生再大的问题，家长的话再难听，我们也不能任由自己的情绪撒野。自己的一时之气或许就会让事情的势态往不良的方向发展，自己的苦口婆心也会让家长当成是"找碴儿""推卸责任"，甚至认为我们无能。

注意自己的礼貌用语在家校沟通中也非常重要。我们既然是"神"，素质自然和他人不一样，所以和家长沟通的时候要有礼貌，"您好""打扰了""谢谢您的支持""辛苦了"这些礼貌用语会有春风化雨的作用。

三、个人素养是沟通的调味剂

叶澜教授说：教育就是倾听。倾听不仅是一种品德，也是认清别人来意的一种方式。家校沟通也不例外。善于倾听能够给我们的班级管理带来很多良好效应。特别是面对家长的投诉电话或者是发牢骚，此时他最需要的是有人认真听他说话，他觉得你的倾听就是对这件事情的重视。在倾听他们的倾诉时，我们就可以迅速分析他的需求是什么，是想要得到关注还是想找个人出出气。所以，与家长交流时，我们要先耐心地听他们把话说完。所谓知己知彼，百战不殆，从他们的倾诉中来寻找解决问题的突破口。

换位思考，具有同理心，更是我们开展良好家校沟通的秘诀之一。尤其是当孩子发生安全事故的时候，如果我们的言语过于轻描淡写，就会让家长觉得我们不关爱他的孩子，不重视他的孩子，会让他有故意挑刺的想法。所以，在告知家长某些事情时，我们要有同理心，要让人感觉这件事情就是发生在自己的孩子身上一般。这样做就会让家长感受到我们的态度很真诚，感受到我们给予他孩子深深的温暖。

我们在处理班级事务的时候要做到以理服人、以德服人。既然我们被推上了"完美之神"的位置，那么我们平时的言语就要体现出我们的专业水平和个人良好素质，让家长不仅佩服我们的专业能力，还佩服我们的人品。

四、一切为了孩子是沟通的目标

与家长沟通时，我们首先要让家长感受到：我给你打电话不是为了推卸责任。平时我们打电话给家长告知其孩子在校的不足时，很多家长很反感，为什么呢？因为他觉得把孩子送到学校了，那么一切问题就交给老师负责了。在面对这样的家长时，我们要让他明确一点：我给你打电话不是我不管了，正因为我是个有责任的老师，所以才给你打电话，不然孩子的问题也不会被我发现。我们交流的目的是要让我们形成合力，共同承担起监督孩子、帮助孩子的责任。

另外，我们还要让家长知道我们的"批评"不是批评，而是另外一种爱孩子的方式。当我们面对一而再，再而三犯错还知错不改的家长时，我们要拿出班主任的"威严"。之前我们班有个孩子沉迷于电脑游戏，经过打听原来是他的爸爸特别喜欢玩游戏。我就专门打了个电话给他爸爸："你知道你家孩子为什么那么喜欢玩游戏吗？孩子亲口告诉我你可是他的师父呢！为了不输给你，所以他要一直很努力地锻炼自己的游戏能力。所以，你在骂孩子不好好学习的时候也要先好好地自我反省一下。上梁不正下梁怎么正呢？"

当然，这样的一顿"批评"说完了也没忘了安抚他一下："我今天打电话不是为了'批评'你，而是为了提醒你身为爸爸要以身作则，更是为了你孩子的大好前途着想啊，所以，你也不要生我的气，如果我的'批评'能换来你孩子不一样的人生，你今天受我这顿气也值了，对吧？"这样的一番话下来，相信他有再多的气也只能闷在肚子里了。

五、反馈与跟踪是沟通的升华

将每件事情的处理结果反馈给家长，也会给自己的交流效果增色不少。其实我们每天都在为孩子服务，只是我们的低调与默默无闻让家长觉得我们什么都没做，这也是人人都认为老师是最轻松的职业的原因之一。但实际上，真是"哑巴吃黄连——有苦说不出"。因此，平常我们在处理班级事务的时候，别忘了最后要将结果以适当的方式反馈给家长。这样既让家长无话可说，同时也让家长认识到我们老师做事很靠谱。尤其是针对个别问题生，效果跟踪不仅可以提高我们的教育效果，同时也会督促家长肩负起自己的教育责任。比如我们班的小怡同学，因为与母亲关系恶化而半夜不归家。为了帮助这个孩子，自从那次半夜不归家的事件发生后，我几乎每周末都会打电话给她妈妈，询问孩子的情况，询问她最近对孩子的态度，教给她一些与孩子相处的小技巧。后来，她教育孩子的方式发生了很大的改变，与孩子的关系也更和谐了，她那种咄咄逼人的脾气更是改变了不少。我想，是我的坚持让她不好意思不自我蜕变了吧。

六、不要做情绪的传染者，要管理好自己的沟通情绪

人非草木，孰能无"气"。所以，生气时不要给家长打电话。人生气时总会失去理智，措辞也会不太合理，容易让沟通陷入僵局。还有一点需要注意的是，早上不要给家长打电话告状。所谓美好的一天从早晨开始，如果早上就给家长打电话投诉，或许你得到的回复是"哦哦，我知道""好吧，老师，我晚上回来再

收拾他"。

最重要的一点是，当家长说话很无理的时候，我们一定不要去反驳。我们此时可以选择适当忽略家长的话，或者委婉地告诉他："你所反映的事情我已经记下来了，等下我一定会尽力处理好。今天我们先聊到这儿，等你心情平静一点的时候我再打电话给你。"让他的无理暂时搁浅一会儿，既避免浪费自己的口舌，也避免了不必要的争执。

七、"我们"是沟通中的重要字眼

和家长说话时记得经常将"我们"两个字眼挂在嘴边。"我们一起来分析一下这个情况""我们一起来想想办法解决这个问题""我们一起来帮帮孩子""我们一起加强对孩子的关注和监督"等，这些话语会让家长感受到他不是孤军作战，也让他们感受到我们和他沟通不是推卸责任，而是为了一起解决问题，所做的一切都是为了培养一个优秀的孩子！

总之，与家长沟通就如下棋，既要有战术，也要有艺术。我们每天不仅要面对一群"古灵精怪"的学生，同时还有他们背后的一群"武林高手"，所以我们必须得有见招拆招的本领，"降龙十八掌"早已不够用，偶尔还要深钻一下教育学、心理学中的"三十六计"。这样，我们的修为才提升得快，离"渡劫"、成为"神"的目标才会更近一步，十里桃林的梦想亦可早日实现！

班级微信群规诞生记

深圳市龙岗区园山街道康艺学校　詹艳玲

随着"多媒体""大数据"时代的到来，作为一名一线班主任，微信平台既给我们带来了许多便利，但也给我们带来了烦恼。

一天晚上11点半，我正准备见周公去，谁知一条来自班级微信群的信息让我立刻睡意全无。屏幕上闪耀着这样一段文字："我家小欣太不听话了，让她写作业就是不写，现在都快12点了，她的作业还有一大半没写，衣架都快被我打断了，真是气死我了！"后面还附加了一大串"抓狂"的表情符号。我刚看完文字，又来了一段视频，小欣妈妈居然把自己撕掉孩子作业的视频录下来发到群里了！

我正准备回复，谁知有家长马上跟帖了："现在的孩子真不听话，让他写作业他要玩，让他玩他巴不得不上学。只有动用武力才会听话一点。"

一石激起千层浪，这位家长的话像一根导火索仿佛一下子把其他家长的"怒火"都点燃了，大家你一言我一语诉说着自己孩子的种种，主题就一个：自家孩子就是个"十恶不赦"的"坏蛋"！

家长们的"怒火"还没有退去，各种关于孩子的负面言论还在继续刷屏。我再也不能静观其变了，心想：要是某位同学无意中看到自己的爸爸妈妈在班级群里这样评价自己，他们该怎样去看待自己的父母呢？得赶快制止这场"战火"的蔓延。

于是，我发了一条这样的信息给所有的家长：都说孩子是家长的影子，你们的孩子如此失败，那我们岂不是也成了帮凶？如果您的孩子看到了我们今天的聊天记录，您多年建立起来的亲子关系禁得住考验吗？

我在沉静中等待着哪位家长能接我的话。然而，时针跨过第二天快一个小时了，还是悄无声息。

令我意外的是，第二天早上我一打开手机，小文爸爸的一段话跃入眼帘：

詹老师，您昨天的两个问题让我反思了一个晚上，如您所说，做父母的只有做好了标杆，孩子才会有榜样参照。昨天那位家长的做法过于极端，我们不但没有发现她不当的教育方式，还在火上浇油，这对于孩子来说，是一种间接、无形的伤害！同时我建议其他的家长以后遇到孩子的问题时可以在群里提出交流解决办法，班级群是大家共同交流教育的平台，不应该是随意贬低、给自己孩子贴标签的地方。

小文爸爸的话我反复看了几遍，内心久久不能平静。是啊，班级群为我们提供了沟通平台，但如果再次发生类似昨晚的事情，这个班级群就变成"吐槽群"了！国有国法，我们的微信群得有个群规才对。再三思考下，一份班级微信群群规说明新鲜出炉：

为了建立一个积极向上、充满正能量的班级群氛围，现将群规明细罗列如下，请家长朋友和我一起共同遵守。

（1）不要让班级微信群成为问作业群，以免让孩子养成不记作业、上课不认真听讲的不良习惯。

（2）不在群里做广告宣传。

（3）有关孩子的问题要和老师私底下交流，不要在群里公开发布孩子的负面信息，这样会给孩子带来心理阴影，不利于孩子的成长。

（4）建议平时可以在群里分享一些正能量的信息，也可以分享孩子生活中积极向上的照片。

自从班级群规产生之后，班级群的信息交流内容规范了许多，家长们经常在群里提出或分享一些有利于家庭教育和孩子成长的信息，班级群逐渐成了一个"教育释疑群"。我的班级管理和家校工作完成起来也越来越得心应手了。

班级微信群是家校沟通的主要方式之一，但同时也是把"双刃剑"。作为班主任，我们一定要把握好群舆论风向标。当然，除了规范言论内容外，我们还可以透过班级群中家长们常聊的话题来分析班级孩子存在的问题，我们可以围绕这个主题在班级召开一次主题班会，将这些问题进行深化处理。平时通过家长们交流的话题可以得知家长们的需求，及时采取措施满足家长的要求，更有助于家校关系的和谐。

平时对班级微信群及时观察、总结、引导和管理，理顺家校联系的通道，家校合力，才能让班级微信群这个平台发挥出它最大的能量。

爱似春雨,滋润心田

深圳市龙岗区横岗聚英小学　朱燕红

2017年下半年我接手现在这个班,是他们升四年级的时候,刚开始我是各种不适应。在开学第二周,我也只能自求多福,家长们不习惯我,学生们不习惯我。在班级群还有家长把我认成这个班三年级时的班主任马老师,因此闹出几次笑话。我心想也许是因为他们三年级的班主任非常尽心尽责,家长们念及旧情,现在突然换班主任,家长们对我不习惯也很正常,不过,这确实也给我的班主任工作带来了考验。

之前的班主任跟我说过这个班有几个非常"难搞"的家长,让我要特别留意,这几个家长非常喜欢"找刺",喜欢跟老师对着干。凯的妈妈(以下简称"凯妈")就是其中之一。

"朱老师你今天布置的作业有点多""朱老师我儿子今天上课的表现如何""朱老师你应该选我儿子当班长""朱老师,你这种教育方式不对,我儿子不喜欢"……

开学没多久,一连串的私聊信息朝我涌来,是凯妈发的。我刚开始本着特别谦虚的态度回复她"好的,凯妈,我下次注意""凯妈,您说得对,我下次改正"……谁知,我的态度越是谦逊,凯妈越是蛮横起来。

"朱老师,你今天说我儿子没写完语文作业,他可以不写,因为他都会",甚至"请不要安排我儿子扫地,他要去补习,谢谢""给我儿子换个同桌,他现在的那个同桌×××,成绩太差,会影响我儿子,谢谢"……凯妈甚至开始对我没有称呼了，直觉告诉我，这个家长想"操控"我。

凯同学的座位下，每天都是垃圾堆，而且凯同学也不喜欢收拾东西，每天第四节课后，他的桌面、桌子底是班上最凌乱的。我跟凯说，能不能把桌面收拾下，他一听很不满，把书随便一扔，跑了。我忍不住拍了几张凯桌子的照片给凯妈，告诉她我希望凯能养成一个好习惯，希望家长和我一起配合。这回凯妈说了句"收到，谢谢"，我顿时松了口气。

谁知，接下来，凯的座位下仍然垃圾成堆，桌面仍然很凌乱，无论我在班会课还是课堂上讲多少遍要注意个人卫生，养成良好的习惯，都没用。当我再次把这事反馈给凯妈时，她大怒："我儿子来学校是来学习的，又不是来搞卫生的，你这老师真是奇怪！主次不分了。"我无言以对，面对这样的家长，无论我说什么，她都觉得老师是错的。

开学前几周事情忙碌起来，我便没有更多时间处理凯不讲卫生这件事。一日，我上午连堂四节课，中午又午读，下午还有辅导，已经累到虚脱的我，压根儿没有时间盯着手机或者电脑及时回复家长的私发信息。待下班回到家，我发现凯妈给我发了一连串语音，几页文字的内容。我打开一看，主要是她问我今天凯的学习情况，从早读到下午放学，她儿子在校的所有情况她必须知晓。她显然把我当成她儿子的24小时贴身保姆了，因我今天没有及时回复，我能感到她已经非常生气，甚至是愤怒。最后几条信息开始对我破口大骂："这学校怎么会有你这样的老师，太没素质了""你等着瞧，我不怕你""作为一个老师，你最起码的师德都没有，家长信息不回，你不配为人师""我要去投诉你"。

看着这些信息，我的心顿时跌到了谷底，这是一个怎样的家长啊？因为老师没有及时回复信息，就这样蛮不讲理，对老师展开人身攻击。说实话，作为一个新老师，那一刻我自己也失去了动力，心情也降到了谷底，我有点想打退堂鼓了。

第二天，我找到德育处主任寻求帮助。我把事情一五一十地反馈给德育处主任，德育处主任听完笑着跟我说："朱老师，你这事我们都理解，你放心，大家都是你最坚强的后盾，你就把这个家长当作你当班主任的一次历练吧。"我心里顿时舒坦了许多。果不其然，凯妈把我投诉到了学校德育处，还向德育处反馈说下班在路上看见我这个老师，她和我打招呼，我从不搭理她，说我目中无人。我的天，这是什么事啊？我印象中下班回家途中都没见过凯妈。德育处主任出马了，他邀请凯妈来学校面谈，然后我也发动我班家委做凯妈的思想工作，解铃还须系铃人，我认为这件事最终还是应该由我来解决，我要用行动告诉凯妈，我是一个负责任、值得信任的班主任。

此事后，凯妈一有事便不再找我，她获得了"特权"：凡事跳过我，直接找我们的德育处主任解决。不过，少了凯妈的干扰，我更加专注班级管理，更注重凯的一举一动。

课堂上，我会主动提问凯，表扬他，邀请他当小老师给同学讲解，他在讲解过程中我把视频录下来。关于卫生这块，我给凯配了个讲卫生的同桌，希望在同桌的带动下能帮助凯改善卫生习惯，还让凯当上班里的劳动小标兵，帮老师监督班级卫生问题。慢慢地，凯的卫生习惯得到了改善。

凯是个很喜欢表现的孩子，一次语文辩论赛，他一直举手要当辩手，我同意了。在辩论赛中，他发挥得不好，很失落。我把他叫到办公室，安慰他，说相信他下次会更好。他看着我，笑了，点点头。

凯的数学很好，也是他的强项。我跟数学老师沟通说可以让凯当数学小老师去帮助其他同学。此后的凯，在班上有了越来越多的好朋友。

跳蚤市场活动的时候，凯当了组长，他们那组要卖很多小玩具，刚拍卖的时候我去了他们的摊位，我变成顾客的身份跟凯他们做生意，又一次拉近了和凯的距离。

我在班上举行古诗文朗诵比赛，评选出"朗诵小明星"给他们颁奖，拍照发家长群进行表扬。凯非常乐意加入朗诵组，因此他获的奖也很多。在班级群的表扬栏中也经常出现他的名字。

渐渐地，半个学期下来，我与凯的距离越来越近。经过我耐心的、爱的感化，凯的卫生习惯也在改善，曾经在班上没有朋友的他，也渐渐受到同学们的欢迎。而凯妈也似乎察觉到了凯的这些变化。

这两个月，虽然我不再受凯妈的"干扰"，但是我一直向德育处主任打听她的动态。感恩节的时候，我收到凯的一张贺卡，上面写着"朱老师，感恩有你，这学期我很开心，谢谢你"，我欣慰极了。

圣诞节那天，铃声一响，我走进教室。凯冲上来，递给我一个精美的盒子说："朱老师，这是我妈妈送给你的圣诞礼物，她说祝您圣诞快乐。"听到他说"妈妈"的那一刻，我的心酥化了，泪水在我眼眶里打转。我没有收下这份厚礼，我跟凯说："谢谢你，也替我谢谢你妈妈，祝你们圣诞节快乐。心意老师收下了。"

下课后，我赶紧给凯妈发了一条信息："凯妈，谢谢您，圣诞快乐，但是礼物太贵重，我不能收，心意收下啦。"

这回，隔了许久，凯妈回信息了：

朱老师，对不起，是我误会了您，这学期我看到孩子一直在成长，在转变，他每天都很开心，都在进步，都会跟我说他很喜欢您的课，看到您不计前嫌对我孩子的付出，对他的关爱，我很惭愧，我为我之前的行为道歉，请您原谅……

看完这条信息，我的心田瞬间像被一阵爱的春雨滋润一样，甜甜的，觉得自己这学期所有的付出都是值得的。

成长中的他，需要我们的助力

深圳市龙岗区横岗中心学校　李春苑

"你不欠他的！不用那么内疚。"我对着刘同学的妈妈说。

"可是他这么可怜，我担心他会受不了……"

"我再次强调，你真的不欠你儿子的，这个不是你们的错！"

这段对话我跟刘同学的妈妈强调了三遍以上。

为什么会这样呢？原因很简单。因为我刚接手六年级三班还不到三个星期，针对刘同学的投诉接踵而来。"李老师，刘同学不经过我的同意就拿走了我的漫画书！""李老师，刘同学不扫地，拿着扫把追打同学！""李老师，刘同学老欺负人，我们在聊天，他硬插话进来，还说脏话！"……哎呀，说起这个刘同学，真的让我这个经验丰富的班主任头痛。不说同学们的投诉不断，也不说他五年级的班主任的告诫——李老师，班上有个特殊的刘同学需要特别注意，他经常违反纪律，还无视老师的教育，屡教不改。你说找家长吧，没用！刚开始只有他爸爸愿意来一下，没两天故态复萌，一次又一次，我们五年级的老师心都凉了……就说我教育刘同学时，我说："你知道你自己做的事是错的还是对的？"刘同学昂着头，桀骜不驯地说："关我什么事，谁让他不躲的！"反正不管怎么说，都是人家的错，跟他没任何关系。这样的事多了，他的态度没有任何改变，必须得找家长才能更好解决。没办法，我只好先打电话给他的爸爸，谁知道他爸爸对我的陈述敷衍了事，只说他会好好教育的。但是没过两天，刘同学依旧老样子。看样子果然跟五年级的班主任说的一样。不行啊，我得找他的妈妈了解一下情况才行。于是打了三次电话，终于约到了他妈妈。

这天，我特意抽出两节课的时间来接待他的妈妈。与刘同学妈妈的沟通交流中，我首先感谢她对我其他学生的关爱，然后了解了刘同学在家里的情况。通过一节课的了解，我终于明白为什么刘同学这么有恃无恐了。原来刘同学小时候生了一场病，导致左眼出了问题，医治到最后左眼跟正常人不太一样。于是家人都觉得欠了刘同学的，什么事都依他，他爸爸甚至觉得亏欠太多，看到有些小朋友不太愿意跟刘同学玩，就买来电脑让儿子玩，免得他孤独。儿子要玩游戏，可以，要玩到晚上12点，也可以……妈妈不是不管，刚开始上学的时候还认真管过，可是没多久也因为内疚之心，就放任不管了。

刘妈妈还很不好意思地说："李老师，我真的有管教刘同学的，可是你看看他的眼睛，我很怕同学们都去嘲笑他，欺负他呢！"

我想了想，说："刘同学的眼睛有残疾？没有啊，我觉得挺正常的，我也没看到同学们因为这个嘲笑他啊！"

"真的，李老师，你仔细去看，他的眼睛真的是不正常的！"

我打断她："本来孩子就没什么事，你干吗老是要提及？没事都变有事了！"

"可是，李老师，我内疚啊，我……"

我看着她愧疚的眼睛，深呼吸后问："你是不是觉得特别亏欠孩子？"

"是的。"她说。

"那我问你，你孩子以前生病的时候你尽心尽力了吗？"

"那当然了，为了孩子的病，我们几乎走遍了全中国！"

我微笑说："那不得了，孩子生病了，你们尽力了，那就无愧。记住了：你们现在不欠他的了！"

看刘妈妈低着头，我想：刘妈妈也不是不爱孩子的妈妈，只是方法不当而已。于是我继续说："刘妈妈，其实孩子有时候生个病是正常的，我们做家长的要正确对待，有病就医治，也要告诉自己，努力了就好。本来你家刘同学对自己的眼睛没那么在意，可是你们那么紧张，那么在意，无形中让刘同学又对这些在意起来，你说是不是？"

"好像是的。那，李老师，我该怎么办？"

"不用怎么办，你们只要告诉自己，你们不欠他的，他已经康复了！把孩子当正常的孩子来看待就是了。对的要表扬，错的要批评教育。你回去试一试吧。"听完我的这些话，刘妈妈释然地回去了。

跟刘妈妈了解了刘同学的过往历史后，我心中有底了。

于是我找来刘同学。在办公室，我先是绕着他转了一圈。

刘同学疑惑地问："李老师，你干吗？"

我盯着他的眼睛问："我没发现你的眼睛有什么问题啊，挺正常的。"刘同学一听，不吭声了。我接着说："刘同学，李老师知道你是个内心非常坚强的男孩，我就直接跟你说，你的眼睛小时候出了点问题，这是正常的，因为谁都有可能生病。你有好父母，听说小时候还带你去过北京治病？"

"是的。住了整整有一年呢。"

"嗯，想来你真是幸运啊，我看过有个地方的一个孩子跟你一样，但是他运气不好，家里人因为经济困难没带他去医院，导致眼睛完全坏掉了。"

"啊……"刘同学满眼充满疑惑。

"是啊，你真的运气很好，你的父母已经尽他们最大的努力，你觉得他们还亏欠你吗？"

"啊……"

"你觉得你的眼睛是父母害你的吗？"

"……好像不是……"

"你的眼睛跟同学们有关系吗？"

刘同学沉默。

"嗯，你这么聪明，一定明白这么浅显的道理，我相信你很快就能处理好跟同学的关系。"说完我就让刘同学回去了。

接下来的日子痛并快乐着，刘妈妈经常打电话来汇报她跟孩子的进展，说她跟孩子都改变了很多，她跟刘爸爸都把刘同学当作正常的孩子来看待，一遇到比较纠结的时候，她总会告诉自己：李老师说了，他早就康复了！我们都不欠孩子的，该管教的一定要管教。当他爸爸心软的时候，刘妈妈总会跟他说，他们不再欠儿子的，如果把儿子当病人来看待，儿子可能一辈子都是病人，如果把他当正常人来看，儿子就是正常人！

　　在解开了其父母的心结后，我趁热打铁，指引其如何与孩子相处。如本校举办有关亲子关系知识的讲座，我就第一时间告诉他们，还建议他们多去学习有关家庭教育的知识。在学校里，我也跟科任老师说要多点关注刘同学；在班级里，多次召开有关团结友爱、尊重他人等主题的班会。慢慢地，有关刘同学的投诉渐渐少了。我及时跟刘妈妈传递信息，刘妈妈非常感动，也非常开心，直说："李老师，我们是不欠我们的孩子，我倒觉得欠你了！真是不好意思，麻烦你了……"

　　现在刘同学上了本市重点高中，我成了刘妈妈的"债主"，因为每年的教师节，她都会打电话来"还债"："李老师，欠你的人来了，教师节快乐！"她有一句话说出了教育的真谛：李老师，原来小孩成长是这么的不容易，既需要他自己和老师的努力，也需要我们做家长的正确引导。

　　是啊，成长中的他，需要学校和家长的助力！

问题孩子还是问题家长

深圳市龙岗区横岗街道西坑小学　陈宇玲

　　在两年前的一个星期三早上，四（2）班的班主任陈老师来到德育处反映一个情况：班上的杨同学在班上说，有个男人摸了她，给她10元钱。班上同学都议论纷纷，而这位女生却显得无所谓。同时班主任也反映，杨同学学习成绩差，虽然是女生，可每天弄得脏兮兮的。她不喜欢跟女同学玩，总爱跟班上的男生在一起玩闹。班主任陈老师还说，之前就跟其父母多次打电话、发信息，反映杨同学经常带钱到学校，甚至有时把钱分给同学，让其父母注意这一现象，过问一下孩子手上钱的来源或少给孩子零用钱。可是其父母电话不接，信息也不回复。

　　了解到这一情况，我当即和班主任把杨同学找来问个究竟，结果真有这回事。社区某牙科私人诊所有个30多岁的男人，在一个月前，他看见杨同学放学路过，说："我跟你很有缘分，我们认识一下，好吗？你有空到我店里来，我们一起玩。"在之后的一个周末，杨同学离开家出去玩，被这个男人遇见，他就把杨同学带进诊所，诊所无人，这个男人就先给杨同学一些糖吃，接着就把杨同学带进店里的一个房间，在那里实行了第一次猥亵，之后给了杨同学10元钱，并对杨同学说不准告诉父母，否则她会被其父母打死。杨同学拿了他的钱，就出去买东西吃。过了几天，杨同学再次被这个男人猥亵，并且还被这个男人拍了照，这个男人同样给了杨同学10元钱，并且强调不许告诉父母。甚至还约杨同学过两天再到店里，会再给她钱。惊悉这一事情后，我们首先联系杨同学的父母马上到校，但其父亲当时还推托要上班，不能来。班主任陈老师在电话中简要地说了事情经过。我也要求陈老师跟杨同学的父母落实，中午先安排家人来学校接杨同学放学，下午也要家人陪伴杨同学上学，不要让她再接触那个男人，并且要杨同学的父母下午务必到学校来商谈此事的处理。

　　下午上学时，杨同学的父母来到学校，我跟班主任陈老师还有学校办公室主任一起与杨同学的父母谈话。我们代表学校，把事情向杨同学父母说完，出于为杨同学的身心和名誉着想，要求杨同学的父母在处理此事时不要到处张扬，要寻找有效途径解决。同时要杨同学的父母多关爱杨同学，多跟杨同学谈心，周末可以一家人出去爬爬山，带杨同学参加有益活动，到书城看看书，不要任由杨同学到处闲逛。当时杨同学的父亲听后，情绪还是很悲愤的，而杨同学的母亲却面无表情，似乎此事与之无关。之后杨同学的父母带杨同学到派出所报案，派出所当即立案，抓了那个男人。以后的事情就归派出所处理了。

　　第二天，据班主任陈老师反映，杨同学到校后没什么异常表现，上课照样不听讲，课后还是乐呵呵地与男生玩闹。

【案例评析】

　　这一事件虽结束了，却引起了我的思考：班级女同学为何不喜欢杨同学？为什么杨同学发生这样的事，却似乎无所谓？通过对家长的接触，我感觉到学生存在问题的背后是父母自身或在教育中存在问题。

　　由此我深思，家长是子女的第一任老师，可现在就业的压力很大，学生家长为了让子女不输在起跑线上，从小就对子女有很多要求。当子女不能很好完成家长的要求时，家长变相体罚或发脾气、训斥、辱骂等情况屡屡出现，由此而引发的学生心理问题的案例明显增加。这使得一些学生或变得自卑、胆怯、多疑、孤僻，或变得冲动、好斗、难以与人相处、不合群，给其学习和生活带来了负面影响。杨同学的家庭就是这么一种状态，父母由于要赚钱养家，杨同学入学前都是爷爷奶奶带，直到上小学才到父母身边，杨同学跟父亲不亲近，因为她不听话时父亲对她就是打骂，而且其父亲很少过问孩子的学习。而母亲文化水平不高，不能辅导孩子做功课，还溺爱孩子。每天早上，杨同学不愿起床上学，其母亲就任其睡，直到要迟到才匆忙叫杨同学起床，不理会杨同学头发蓬松，胡乱穿着，就给杨同学几元钱去吃早餐。这样的一个女孩，班上的女同学自然就不喜欢和她交往了。

据说每次开家长会，由于杨同学成绩差，其父亲或母亲来开家长会时，只是听各科任老师介绍班级学生情况，从不跟科任老师交流孩子在校情况，散会就走。老师们去家访时，其父亲经常不在家，母亲和爷爷奶奶文化水平低，教育孩子毫无方法，只是听家访老师说完，随便应付几句。面对这样的家长，老师们也没有其他办法。

如今，杨同学也即将进入青春期，她的生理、心理在变化着，她的母亲有能力来帮助她，引导她顺利走完青春叛逆期吗？杨同学的家长自身素质低、自身修养差，这靠谁去改变？这孩子除非自己天生是一个聪慧的孩子，一个自立、自律、自理能力强的孩子，否则如何会有良好的行为习惯及良好的学习、生活习惯？

我们教师作为学生的引路人，在学校能尽全力去教导他们，也可以发挥优秀学生帮扶差生的作用，用好榜样去影响、改变差生。对这类差生，课堂上多提点，把容易回答的问题交给他们，最起码要激发他们的自信心和学习兴趣。能学一点是一点。生活上多关心、多帮助他们。对于学生的青春期心理健康教育，老师们能做到给学生上心理健康教育课，平时多与他们沟通，多亲近他们，给他们提供心理咨询的电话或网络平台。

当发现学生心理有问题时，会及时与家长沟通，在做好学生工作的同时，通过各种途径，如在家长QQ群、微信群推送家庭教育先进理念、家庭教育技巧，对家长进行教育方法、与子女沟通技巧方面的教育，疏导家长，使家长首先自身要有健康的心理和健全的人格，由此减少或者不再有学生因无知而受到身心的伤害。但父母的角色、所承担的责任，老师们能代替吗？

孩子，但愿此次经历不会对你今后的成长造成重大伤害，但愿不会给你留下心灵的创伤，但愿你的下一代能有良好的家庭教育环境。

沟通共赢

深圳市龙岗区园山街道安良小学　高 玉

作为一名教师，无论是班主任还是科任老师，和家长打交道是经常的事情。教师和家长之间的关系，直接影响着学校对学生的教育效果。2019—2020学年我有幸成为一名班主任，跟家长的接触就更加多了起来。

做了半个学期的班主任，我越来越意识到和谐的教师和家长的关系，更有利于教学工作的开展。教师和家长需要多方面的沟通，相互了解孩子在校、在家的表现情况，达成教育一致、形成默契时，才能达到教育的最佳效果。

那么，怎样才能处理好教师和家长之间的关系呢？

我觉得最主要的就是主动与家长沟通，了解孩子的实际家庭状况，将教师与家长的教育观念靠拢。

这个学期，作为班主任，返校的那一天给学生注册，发新书。这是我们返校第一天最重要的事情。走进了教室，第一件事情就是清点人数。发现一个学生小H没有到。此时已经是早上9点钟，孩子们都已经到校。我赶紧找来花名册，拨通了小H爸爸的电话。电话那边接了电话，问我是谁。我说："你好，我是小H的新班主任，我姓高，请问小H怎么还没有来上学呢？"电话那头很吃惊地说道："什么？今天开学吗？我们不知道。"我说："是的呀，我昨天在微信群里已经通知大家啦。没关系，赶快把孩子送过来吧，我们今天发书、注册。"电话那边说道："什么？现在吗？可是他还在睡觉。"这时候我的心情不知道用什么来形容，觉得有点莫名其妙，知道孩子没上学，家长的第一反应并不是赶紧送过来而是告诉我孩子还在睡觉！当然经过沟通以后，孩子很快就被爸爸送过来了。他进了教室，我仔细端详了他，很可爱的一个小帅哥。我记住了这个小H。

在第一节数学课上，我就做了一个简短的计算题小测试，想看看孩子们一个暑假是不是把所学习的知识都忘记了。交上来的作业纸只有小H的最特别，他的作业纸有很多折过的痕迹，题目写的也都是不正确的。

开学十几天了，社保局让我们学校帮忙统计和帮助学生购买少儿医保。学校制作了给家长的一封信，给家长填写是否愿意购买。这个少儿医保并非强制性，但是其实对于学生来说是有保障的，可以绑定在父母的社保卡上。收回执的时候，看到了小H勾选的是不购买。于是我打电话给他的爸爸，想要告诉他，这个少儿医保如果现在不购买，学期中是没办法在学校进行购买的，需要家长前往社保局购买。然而这个电话从当天下午3点打到了第二天中午，他爸爸妈妈的电话仍然没有人接听。终于在中午食堂吃午饭的时候电话接通了，是小H的爸爸。我告知了情况，他说"知道了，我们不购买"，就想挂掉电话。我立马问他怎么两天都没有接听电话，他说没有看到，接着就匆匆挂掉了电话。那时我就知道以后我一定要多给小H的爸爸打电话沟通，不能让他好像在躲避我。教育孩子是学校教师和家长的共同责任，学生在学校主要靠教师，在家主要靠家长。作为教师，我们应该主动把学生在学校的表现向家长汇报，把学生在学校发生的事及时和家长沟通。我也很想通过家长主动了解学生在家中的表现。

于是，我开始跟小H的家长多方面沟通。多种方式沟通，包括电话、家访、家长会等。在沟通中避免情绪激动时和家长沟通，认真倾听小H的诉说，不随意打断小H讲话。保持每次沟通都能在友好和谐的气氛下进行。在沟通中我了解到小H家里有五个孩子，家长平时工作也很忙，所以疏忽了对孩子的关爱与管教。去小H家家访之前我打电话通知了家长，说6点半会去家里家访，然而我到他家时，他的爸爸并不在，只有几个哥哥姐姐在家。我先去了别人家，打算等一下再回他家家访。7点10分又回到他家，他爸爸还是不在，他奶奶回来了，于是我就在他家等他爸爸等到了7点40分，同时跟他奶奶聊了聊天。终于他爸爸回来了，可能是被我的等待所惊讶，也有些许的不好意思。家访的第一件事情就是跟小H的爸爸说我们应该把彼此的电话存下来，这样下次学校有事情我打给他，他没接到也知道是高老师打过电话给他，他可以打回来问问我是什么事情。家访半个小时主要就是跟家长沟通，希望他有事情能与我沟通。

从他家走出来的时候已经是晚上8点10分了，我记得特别清楚。我看看表心情特别舒畅，我相信这次家访一定没有白来。其实小H头脑很聪明，课下我也鼓励了他很多。渐渐地，小H开朗了起来，也喜欢举手回答问题了。我相信这不仅仅是我的力量，更是小H爸爸的努力。一天清晨，7点左右我在学校饭堂吃饭，接到了小H爸爸的电话，他直接跟我说："老师您好，小H不肯起床，还发脾气，您帮我说说他。"我内心好开心。运动会时我让学生们统一着装穿去年运动会上的班服，小H爸爸看到我的通知，立即给我打电话，问孩子班服里面的衬衫找不到了怎么办，很焦急的声音。他改变了很多，以前对孩子开不开学、领不领书都不在意的爸爸，现在开始紧张孩子在学习生活中的每一个细节，以前不愿意接我电话的家长现在愿意主动跟我联合起来一起教育孩子。

其实教师与家长之间的关系就是这样的，我们充分尊重家长，主动沟通，赢得家长的信任，家长了解老师，愿意与教师分享，才能达到沟通共赢。教师和家长在教育学生的问题上是平等的关系。这半年的班主任经历让我体会到了教师一定要充分尊重家长的人格，不能因为学生的在校表现不好就训斥家长，不能让家长代替学生受过，更不应该不管学生在学校发生什么事，都把家长呼来喝去。另外，要充分了解每个孩子的家庭情况，也要和家长进行深度沟通，这样才能赢得家长的信任，家长才愿意配合教师的工作，做到沟通共赢。

用真诚和爱心赢得家长

深圳市龙岗区横岗中学小学部 黄伟红

班主任工作是琐碎、繁忙的，特别是小学低年级的班主任，是一个复合型角色。当孩子们需要关心爱护时，班主任是一位慈母，给予他们体贴和温暖；当孩子们有了缺点时，班主任又是一位严师，严肃地指出他们的不足，并帮助他们限期改正。班上几十个孩子，每个孩子性格各异，难免会碰到一些让人头疼的孩子。而孩子的家长面对孩子的问题，也时常处于焦头烂额的状态，忍不住向班主任求助，此时，我们做班主任的就要更有耐心地去对待。

大家都知道，无论是家庭教育还是学校教育，都有其优势和不足，只有把二者结合起来形成教育合力，才能最大限度地发挥教育的作用。有了家长的积极支持和配合，班主任的各项工作才能顺利开展。因此，多年来，无论在任何时候，我都会真诚地对待每一位家长，特别是当家长在教育孩子的问题上遇到困难向我寻求帮助时，我更是尽自己最大努力去帮助他们，争取能帮助他们圆满解决问题。

有一年我教一年级时，开学不久的一个晚上，班上一个叫小涵的女孩的妈妈给我打来电话，带着恳求的语气说："黄老师，请您帮帮我吧，我实在不知道该怎么教这孩子了。"通过谈话，我得知小涵的爸爸、妈妈在小涵出生后就来深圳做工了，小涵留在老家和奶奶一起生活，小涵的爸妈只有在逢年过节时才回家看看孩子，所以孩子一直和爸妈都不怎么亲。小涵6岁了，该上小学了，于是，爸妈把小涵接来深圳读一年级。但是小涵性格内向，不怎么和爸妈说话，而且稍有不满意就冲家长发脾气，让家长很是头疼。我听完后，用话语安慰了她，并表示要和她一起帮助小涵。

在学校，小涵不爱跟人说话，有点自卑。课堂上也不爱举手发言，问她一些问题也不太回答。其他小朋友都不太喜欢和她一起玩。小涵的脸上很少有笑容，怎么才能让小涵活泼开朗起来呢？怎么才能让小涵和父母更亲近呢？我沉思起来。

《学习的革命》一书中有这样一句话："如果一个孩子生活在鼓励中，他就学会了自信；如果一个孩子生活在接受中，他就学会了自爱。"

为了让小涵自信起来，我在班上宣布：因为小涵上课坐得端正，书写工整，所以我选她当语文小组长，以后就由她来收发语文作业。小涵听见我的宣布，有点愕然，又有点欢喜。我对她说："小涵，老师相信你一定能当好这个小组长的，同学们也会支持你的。"小涵点点头，脸上露出了难得的笑容。课后，我常常走到小涵面前，摸摸她的头，拉拉她的小手，和她谈心，并经常表扬她。为了让同学们和小涵做好朋友，我在班上上了关于团结友爱、互相帮助等主题的班会课，让大家都要和班上的每个孩子团结友爱。慢慢地，小涵脸上的笑容多了，爱说话了，也越来越自信了。

同时，我还跟小涵说了爸爸妈妈是如何爱她的，为了让她和奶奶生活得更好，才会不远万里来到深圳辛苦地做工，让小涵要体谅父母的辛苦。在父母来接小涵时，我总是在她父母面前表扬小涵哪些方面又进步了，哪些方面越来越棒了。我也让小涵的父母当着小涵的面告诉我，小涵在家里哪些方面越来越能干了。看见老师和家长都在夸奖她，小涵开心极了。

除此之外，我跟小涵的妈妈保持着密切联系，随时交流孩子的各方面情况，教给她一些鼓励和帮助孩子的方法。

一段时间过后，小涵的妈妈激动地对我说："黄老师，真是谢谢您啊，现在孩子转变可大了，懂礼貌了，和我也亲近多了。"听着小涵妈妈的话，我欣慰至极，又一个孩子在我的爱心感染下，慢慢转变过来了。而我在教育小涵的同时，也赢得了小涵妈妈对我这位老师的肯定。

通过小涵这件事，我更深切地感到真诚和爱心是一个班主任赢得孩子和家长的基础。对于学生来说，只有爱学生，学生才会信任你，才会和你有心灵的交流；对于家长来说，老师爱孩子，教育好孩子，家长才能从心底里肯定和感激老师，有了家长的肯定和支持、配合，我们班主任的教育教学工作在前进的道路上才能畅通无阻。

溺爱护短型家长的案例分析

深圳市龙岗区横岗街道四联小学 郭 蕾

一、具体案例

女生××，三年级。

事例：①聪明、机灵，做事情速度很快；②课堂回答问题积极；③一刻也坐不住，东张西望，全班的位置几乎坐遍了，坐到哪里都能引起其前后左右骚乱；④附近的门和墙壁都让她画遍了；⑤很爱插嘴，没有组织纪律性，怕找妈妈，一说找妈妈来学校，就马上满地打滚；⑥撒谎成性，张口就来，漫天胡说。

二、分析

与家长沟通了解：

（1）妈妈管教很严格，会动手打孩子手、腿、胳膊。但只能自己管教，别人说孩子的不是，又千方百计帮孩子找理由。

（2）父亲美滋滋地说："淘气程度比我小时候差一点。"他生气的时候也会去打骂孩子。

（3）父亲也会因为怕被妈妈责备而撒谎。

三、建议

（1）多表扬孩子能静下来的时刻。

（2）用心观察，询问孩子为什么坐不住，了解其静不下来的真正原因，对症下药。

（3）用同理心和孩子交流："一直坐在那里很枯燥、很痛苦。但是小朋友们都像你这样没有规矩，班上将会怎么样？"

（4）情景再现：她在安静看书的时候，找几个小朋友在旁边大喊大叫，再让她谈谈自己当时的心情和感受。

（5）让家长知道孩子在学校恶劣行为的严重。（录小视频）

（6）让父母意识到教育一致的重要性。

如何将家长培养成我的"助手"

深圳市龙岗区横岗街道四联小学　赖江晓

有着12年班主任工作经验的我，对于如何做好一个班主任，仍有着很大的困惑。每当迷茫的时候，我都会扪心自问一下，我想要成为一个怎样的班主任？我要如何做，才能得到学生的喜爱、家长的认可？我要如何做，才能成为一个智慧的班主任，而不是处在忙、盲的状态中？

在一次偶然的机会中，我有幸拜读了魏书生老师的《班主任工作漫谈》一书，他提出了一个让我非常认同的观点：不要将你的"孩子"培养成你的"对手"，而应该是"助手"。多么有智慧的观点。"对手"二字让我想到了近期网上流传的一些家长投诉老师等事件。作为教育工作者，每当看到这类新闻时，我都会反思：如果在我的教育工作中出现了这种问题，我会解决吗？于是我产生了一个想法，如果能把家长拉到自己的战队来，那么可能出现的那些"矛盾"是不是就能化干戈为玉帛呢？因此我将"不要把家长培养成你的'对手'而应该是'助手'"这句话深深地刻在心里。的确，我的工作也是这样开展的。下面我给大家分享三个小故事。

一、组建家委会，让家长一起参与班级建设

9月开学季，小学一年级的班主任很容易面临紧急又棘手的问题，如放学问题、班级卫生保洁问题、班级文化建设问题等。培养家长"助手"是我们常用的方

法，也是必不可少的。那么，如何组建班级家委会、培养家长助手呢？

起初，我和大家一样，发通知到班级群进行招募。刚开始有那么一两个热心的家长报名参加，接着又有三两个没有经验的家长探头探脑地怀着各种担心报了名。因为在他们心里还不清楚家长义工到底要做些什么，又怕自己做不好。但当有五六个家长报名后，群里就开始出现一种不良的现象。

有的家长说："不好意思，我要上班，没有时间为班级服务，就辛苦各位家长啦！"然后，紧接着，一个二个三个地复制上来。这么一来，我就急眼了。心想，这样下去，我这工作还怎么开展下去呢。思考之下，我果断回复了一句："家长们，要上班的同志不要急。为班级服务的机会有很多，没时间来做义工的可以出脑力或体力。马上要招募家长委员会成员。外出采购、做账、安排值日都需要人手。"然后加了一个微笑的表情。后面再也没有人将之前那条信息复制上来了。

我根据学生上交的《学生基本情况登记表》中的家长信息进行了分类。不用上班和个体营业为一类。这类成立为家长义工队，主要工作是负责带班放学，因为他们的时间是自由的。自愿报了名参加家委会的为一类。这类就没有分是否有工作，只要有热情就行。另外，挑出知识水平较高和懂电脑操作的人做技术类的活，比如做账、打印文件之类。

还有一类呢？是我自己创建的，叫"烧脑中心组"。一看这名称，家长就开心。这个组的成员不是自愿报名参加的，是我根据他们填写的《学生基本情况登记表》挑选出的具有一定社会身份的人。比如，社区街道办的工作人员、医疗及教育工作者等。所以，我把这些人拉到一起时，开头的第一句话就是：欢迎来到"烧脑中心组"，您能成为本组中的一员，说明您足够优秀。在往后的班级工作中，您的建议必将成为重要的信息源。希望一（5）班有了您的参与，会成长得更快更好！

这一番言辞下来，班级的中队名LOGO、黑板报、教室文化墙，还有手工艺制作，都是"烧脑中心组"的人帮忙完成的。只要有班级任务，我就在群里喊一句："各位，有活干了！"然后，他们就开始讨论起来了。平时朝九晚五的，都愿意牺牲自己周末的时间过来帮忙。

二、与家长进行有效沟通，让家长参与班级教育

开学第一天，大部分家长加了我的微信。因为我的教育理念是想要充分地了解每一个学生，必须先了解学生背后的家长。我认为微信、朋友圈是一个很好的窗口。

当天晚上刷朋友圈时，我看到有个家长这样写道："读个一年级，发19本书，有必要吗？孩子真的学得完吗？"本来想忽略，但看到这种信息与学校学习有关，我就站出来说了一句："学校所有的科目都是为了孩子的发展而开设的，素质教育，全面发展嘛。孩子，加油哦！"随后附上一个浅浅的微笑。

过了两天，他又发了一条朋友圈："现在读个一年级比上大学还复杂，一会儿是QQ群，一会儿是微信群，这个群、那个群的，信息都看不过来。"我又给了他一个浅浅的微笑，加了一句："你，值得拥有"。之后，这一类的朋友圈动态，他就再也没有发过了。

不久，他开始主动找我沟通了。在交流的过程中，我发现他是某街道的工作人员，也很有想法，就把他加入我的"烧脑中心组"。他很热心地说："老师，现在我们班还有什么需要帮忙的吗？"我说："有啊，班上现在正好缺个中队LOGO。"他立刻说："老师，如果有草图的话就发给我，我来做！"我强调说："时间比较紧，明天就要交作业的哦，你可以吗？"他肯定地答应了下来。其实我知道，那天他自己工作也挺忙的，但是为了班级第二天要交作业，他加班也帮忙给完成了。之后，我就在班级QQ群、微信群、这个群、那个群地表扬他。表扬的内容是相同的，但我巧妙地分了一下时间段进行，上午用QQ群，下午用微信群，晚上还发个朋友圈；小群表扬完，大群再表扬。他心里当然是被这顿糖衣炮弹给收服了。现在，我只要一说有事情做，他总是第一个报名，虽然有时因为工作忙的原因没时间来，但也会在群里帮忙将气氛搞起来。所以我认为，对有个性的家长，我们不要害怕，只要能把家长拉到与老师同一战线上，进行有效的沟通，一切问题都不是问题。

三、转化"特殊学生",让家长一起参与

接手的班级中,50个学生里总有那么几个"特别"一点的孩子。他们可能需要你花上多一点时间、多一点精力、多一点爱心,才能得到相同的教育效果。

在我的班级中就有一个这样的女孩子。她长相特别出众,圆溜溜的大眼,甜甜的笑容,真可谓是人见人爱。可没想到,开学还不到一周,我的科任老师、学生们却用这些词语形容她:"多动症患者""惹事精""混世小魔王"。一个如此可爱的小女生身上出现了这些词语,我是很心急的。于是我立刻找到她的妈妈进行沟通,在与其妈妈交流的过程中,我发现这个孩子从幼儿园起就已经有了这些不良的习惯,甚至还被幼儿园的老师劝去康宁医院进行治疗。我宽慰她妈妈说:"以我对这孩子的了解,暂时还没有严重到要去医院的程度,我们可以观察一段时间。不过你要严格配合学校老师给你的建议,对孩子进行学习习惯的培养。我们在学校会加强对她的训练,你在家里也要延续我们的做法,并坚持21天以上。"她妈妈接受了我们的建议,在家里也有按要求完成。

通过观察,我发现她是一个思维敏捷、口齿伶俐的小家伙。从她身上找到亮点后,我立刻采取行动,经常在课堂上有意点她回答问题,她也的确回答得很好。每当这个时候,我会对她提出特别的表扬,肯定她的优点之后,加上一句"如果能够坐端正,那就更好了"。慢慢地,她开始在课堂上发生了变化,变得积极主动,并认真听讲,也不再打扰周围的同学。科任老师与同学们也渐渐地接受了她的不完美,并帮助她养成良好的课堂学习习惯。

有一次,学校举行"讲红军故事"比赛。我看她平时口齿很伶俐,就与她妈妈商量,想通过一次比赛,让她树立一点美好的形象,来转变她在同学们心目中的印象。果然功夫不负有心人,在她妈妈的指导与帮助下,她荣获了我们二年级组的一等奖。她妈妈当天就激动得热泪盈眶。从她母亲的眼中,我看到了坚定与信心,我相信这个孩子也会越来越好。

感慨之外,我看到了教育的成功与真谛。做老师就是这样,孩子的进步就是我们最大的欣慰。常言道,每一位有心的班主任都是一位妙手回春的医生。如果一开

始，我没有找她妈妈交流，没有让她参与转化孩子，我想今天也就看不到这动人的泪光。

我们知道"家校共育"是这个时代的新生代名词。把家长培养成我们老师的"助手"，并不等于把家长当枪使，而是带领家长一起"成长"。利用这种"借力"的智慧，建立共生、共进、共荣的新型教育理念，让教育达到一种家校共赢的良好状态。

看我"七十二变"

深圳市龙岗区横岗街道大康小学　肖雪峰

　　时间又到了早上的7点55分。作为班主任，每天早上7点30分都要循例到班检查人数。我巡查学生的人数时，没有到的依然是那位小郭同学。一、二年级的学生每天必须由父母接送，但是我们一年级的小郭同学几乎天天迟到，我很快就记住了他。太早打电话又不好意思，现在已经7点55分，8点就要上课了，他还没来，这会儿打给他爸爸，送他来上学定是迟到。过了一会儿，我见他从校门口进来了，跑得不太麻利，原来他今天穿了一双拖鞋。想着他一年级入学不久，我原谅他了，还趁思品课时指导全班同学学习在校行为规范，期待同学们能早到校，着装整齐，然后意味深长地看了小郭同学一眼。

一、七十二变之一——"小闹钟"

　　第二天，小郭没有迟到，但穿的却是睡衣，待会儿还得做广播体操呢。自己班的同学看着他，他都害羞，何况全校同学看见他……于是我又耐着性子打电话让家长把校服送到学校来。我借机会与他爸爸谈了一会儿，叮嘱了一番：按时到，着装整齐。就这样，周四、周五按时了两天。第二周周一，我在教室门口等他，又没按时，于是我又打电话给他的家长，大约过了15分钟，他终于到了，这时已经上课了。这一回，他居然没有背书包。我再次拨通电话，让郭爸把书包送过来。我就这样隔三岔五地打电话催他来上学，我都有些难为情了，我真觉得自己成了他家的"闹钟"。

有两次他没有吃早餐就来上学了，我把自己的早餐拿给他吃，开始他还不好意思，有些同学就鼓励他，直到他吃下我们才放心。因为常常关注他、关心他，他才慢慢告诉了我一些事情：原来他家住在西坑，离校确实有点远，他又不能自己一个人来上学。他爸爸开了一家饭店，每天晚上做宵夜生意，很晚才带他回家休息。小郭的父母离异，爸爸重组了一个家庭，又有了一个小妹妹。听到他这样的家庭情况，我心里一怔：这孩子怪可怜的。难怪我有时打电话过去，还听到郭爸未睡醒的惺忪声音，这样当"闹钟"是不是不礼貌？可毕竟学习耽误不得呀！我还是得天天打电话去提醒他。

偶尔当当"闹钟"也就罢了，对于一个处于习惯养成时期的一年级的孩子，我不能让他拖拉成性，可要保证一个孩子早睡早起、精神好身体好，也是家长的责任。经过多次电话沟通，我发现这位家长还是比较有礼貌的，我觉得他对儿子还是比较关心的，对老师也比较尊重。因此，我想通过家访来跟家长好好商讨一下接下来的上学时间要怎样保证好。于是，我先找小郭同学一起制定了一个作息时间安排表。

第三周，我找了一个饭店工作时间不是很忙碌的时段来到郭爸的饭店。首先我表扬孩子最近课堂上有很大进步，都敢上台当小老师了，表扬郭爸最近还是花了不少时间陪伴，小郭画画也好看。这时候孩子的后妈过来了，于是我夸她家的小女儿非常可爱，一下子跟孩子的后妈拉近了距离。我夸奖小郭很聪明，很懂事，如果用心培养，将来一定会出人头地，让他们后半辈子更舒适。希望家长能保证孩子充足的睡眠，能够每天按时上学，让他每天更自信地站在同学面前。我还给他们讲了一位住在这附近的家长为了孩子的学习放弃了做经理的工作机会，专心在家里陪伴孩子，孩子取得了很大进步的事情。同时我把小郭在我的帮助下设定的时间安排表拿给家长看，这时候郭爸看到这份安排表，心里有些愧疚。

二、"七十二变"之二——"传话筒"

家访后，第二天他果然能在7点45分到校了，着装也很整齐。为了更深刻地表扬小郭，我还让他当天与班长一起领读，他显得既欢喜又紧张，原来是他有些不太会读。因为这段时间回到家都没有好好复习，早读也不在，课堂上又胆小，他的接受能力和反应能力都暂时落后。许多的课堂作业对于他来说不能够及时完成，再加上因为长期迟到，让他在同学们面前有了一些自卑感。他不大喜欢跟同学和老师课下交流，他把作业带回家的时候，爸爸妈妈忙起来不会管他。有时候，他的同步练习册是空白的，后来就只写"1、2、3，1、2、3，……"很多字他都不认识，也不敢问老师，爸爸妈妈忙起来也无暇兼顾。我想要彻彻底底地帮助他，提高他的学习成绩，这样才能增强他的自信心。每次课上，我有意无意地总是优先提问他，优先请他上台当小老师。一些识字和简单的朗读句子跟读，做示范，做表演，我都请他上台来当小老师，两三次之后，他的脸上慢慢有了一些笑容。课后我又耐心地重新读题给他听，教他认读拼音，教他握笔，教他做练习。许多儿歌他不会背，我就陪着他一句句反复地读，再背，他感动地哭起来，说："老师，你真好，都不会骂我，要是我爸爸妈妈早就打我了。"他告诉我，每次不会的题去问爸爸，爸爸就戳他的脑门。有时问新妈妈，新妈妈也会骂他，也会敲一下他的头。我真替他担心，再这样乱敲下去敲坏了可怎么办！如此看来，我还得找机会跟郭爸好好沟通一番，我要当一次"传话筒"。

　　放学接送时虽然也有见面机会，可家长和学生多，不太方便。我只好另找机会。因为郭爸家的餐厅离学校很近，一些老师常会让他家送肉加菜，正巧今天午饭郭爸亲自送三杯鸭。等他往回走时，我在升旗台旁拦下他，我高兴地把小郭这些天的表现跟他反映了，他也笑着和我说起小郭，说很高兴和他分享了早上背出了儿歌得到一本童话书作为奖励的事。我突然一副担忧的样子小声说："他有没有告诉你，他头痛。"郭爸一惊："呀，他没跟我说身体不舒服啊，是撞到哪里了吗？"我说："是被打的。"郭爸马上来一句："是谁打的？我今天没听他说。"我还是故意小声说："他说是他爸爸，他说他有题目不会，他爸就骂他笨，还敲他脑袋。"这时郭爸连忙说："没，老师，我没打他。"我也肯定地说："没有就好，我也觉得爸爸是不会那样敲的，脑袋可敲不得，敲坏了可怎么办。""是是是。"郭爸也点了一下头，苦笑着。我表示理解，又说："辛苦你了，很不容易，你看我们老师都吃过了，你们还没吃午饭吧？"他也像找着机会似的，忙说："那我先回去了。"我赶紧小声补充一句："好的，记得管好另一半，也别乱动手……"

往后的日子里，我遵守自己的承诺，每天的带读会安排孩子们轮流上台，每次四人，表现好的发表扬信。一年级的小朋友大多好表现、胆量足，上台嗓门都不小。很快又轮到有些内向的小郭了，不知道他会不会好好表现。前一天下午带大家读书看书，我还让小郭到我面前多读几次。晚上我又当起"传话筒"，我打电话给郭爸，让郭爸今晚无论如何要抽点时间检查小郭读书。第二天，他果然信心十足地登台带读，我给上台的同学都发了表扬信，连郭爸也有一份"优秀家长"的证书，郭爸没有想到，他自己也得了一份获奖证书，高兴得不知道说什么好。

三、"七十二变"之三——"照相机"

很快就要六一节了，学校要求每个班都要出节目。我们学校实在太小，那时条件也比较落后，宣传能力不高，不能请每个家长到场观看孩子的表演。到活动当天，只有请上台表演的同学家长到学校来观演。看着班里那么多活泼可爱的孩子以及背后每一个望子成龙的父母，我决定这回给孩子们排演一个较大型的活动，反正一年级孩子个头也不大，礼堂的舞台也装得下。为了不让任何一个孩子和家长遗憾，我排了个武术操——《精忠报国》。这次活动，班上42个孩子都上台了，也是学校六一表演节目中人数最多的一次，班上孩子的家长都来了，礼堂就像我班的家长会似的。个个家长难得能目睹孩子们的风采，显得十分兴奋。小郭的爸爸也来了，兴奋得拍痛了手掌，好似儿子已经成为大明星；小郭的新妈妈也带着妹妹来观赛，脸上洋溢着幸福又骄傲的笑容……演出之后，我还让小演员们和自己的爸爸妈妈合影，舞台上、操场上、文化长廊里，孩子们和爸爸妈妈、同学、老师合影留念。我趁机把这一场景拍了下来，还故意给小郭一家来了个大特写，我这个"照相机"忙得不亦乐乎。

多年前，我还没成家，总觉得家长陪伴孩子每天读书学习的时间终归是有很多的，周六、周日最好一家人去书城、去钓鱼、去爬山……让孩子多长见识，才能更好地交流，更好地写作，那样的话，作为语文老师的我，教作文也就容易多了。后来经过一次次的家访，从与不同的孩子和家长相识到更多了解，我也慢慢体会到家长的不易，生活的不易……每一个孩子的背后，都有不同的家长；每一个有问题的孩子的背后，可能有许许多多值得思考的家庭问题。我们做教育的永远都有做不完的教育问题，还要身兼多职，要会变通，最好有个"七十二变"……

赢得一位家长就等于赢得一百位家长

深圳市龙岗区龙岗街道龙西小学 彭思兰

众所周知，作为教育工作者，保持与家长良好的沟通很重要，而充分利用家长这个资源，才能促进孩子健康、全面发展。与家长沟通时多报喜、巧报忧，才能赢得家长心，切勿"告状"式的谈话方式，这样会让家长误以为老师不喜欢甚至是讨厌自己的孩子，从而觉得自己的孩子在班里会受到不公平待遇而对老师产生抵触情绪。赢得一位家长就等于赢得一百位家长，放弃一位家长就等于放弃一百位家长。

记得一年级新生入学第一天，我就发现班上有个女同学戴着人工耳蜗，引起我的特别关注。当向全班同学发出指令时，她反应慢，总是看了别人做完之后再做。后来，我发指令时特意靠近她，但情况还是一样。我就有点担忧了。于是我试着跟她沟通，但我完全听不懂她说什么，她说的每句话都是"阿吖嘎"。所以，当天中午放学家长接小孩时，我就急着想跟家长了解情况。当很多家长接小孩时，我就指着孩子的人工耳蜗直接问，没想到家长很抵触，一把拉过孩子就要走。事后我知道自己当着大家的面反映孩子的"问题"，这是大忌，换谁都会紧张，尤其是刚上小学的第一天，有情绪也正常。换位思考后，我重新调整了沟通方式。

从那以后，我更加关注这位"聋哑"女孩，每讲一个新知识，我会特意看她表情；每当她举手回答问题时，我会尽量给她机会；每次发指令，我会特意靠近她。课后她变得愿意靠近我，甚至会拉我的手。每天放学家长接她时，我会跟家长反映并表扬孩子，这让家长感受到了教师对孩子的关心。

开学第三天上午最后一节课是我的语文课，离下课还有5分钟，这个女孩突然站起来，一直跟我发着"阿吖嘎"，但我实在不知道她的意思，我让她慢点说，结果她哭了。我没招，只能点头，没想到她跑出教室去了，我马上让班长跟上去。后来得知她是要上厕所。这件事之后，我就跟家长表达了我的担心：万一孩子身体不舒服，我们都不能明白她的意思，耽误及时治疗时间怎么办。我建议家长教会孩子几个表达相应意思的动作让我们知晓，方便与孩子沟通。

通过这件事之后，这位女孩的家长对我是彻底信任了，然后把孩子聋哑程度实情告诉了我：她是一个重疾聋哑人，是有残疾证的。家长的坦诚与配合着实让我这个班主任后面的工作方便、轻松很多，也减去很多麻烦。有了这件事的处理经验之后，跟其他家长相处时我更能换位思考了。多一分细心与耐心，少一些牢骚与埋怨，家长们口口相传，自然能赢得家长的心，赢得一位家长就等于赢得了一百位家长。

一股暖流，来自您的支持

——我与家长的故事

深圳市龙岗区横岗街道安良小学 苏云凤

"每一个娃都是父母的掌心肉。尤其是一年级宝贝的那些爸妈，恨不得自己背起书包，坐在一年级的课堂上……"记得又是一年级的开学之际，我站在窗户边，望着远处的校门口，不禁感叹着。

劳动课上，教室里，思成正在卖力地擦课桌，旁边还有一个小水桶。刚入学不久，就能把教室弄得干净、明亮。这不禁让我打开思绪：思成，性子急，做事无首尾，丢三落四，整天在教室里翻箱倒柜找学习用具。然而，他的妈妈却性格温柔，心思细腻，每天早上把思成的书包整理得井井有条，学习用品一应俱全。但还是每天接到老师的反馈——今天，思成又没有带××学习用具啦……

一、当习惯成自然

思成在家，也不例外；思成妈妈在家，也不例外；一个不停地"丢"，一个不停地收拾！

当我打电话告诉思成妈妈思成的表现后，思成妈妈也表示苦恼："怎么会这样呢？"于是，我给她支着儿——"懒妈妈才会有勤快的娃""妈越能干娃越懒"，要学会放手让孩子自己去做一些力所能及的事情，家长不可代劳太多的事。思成妈妈决定试一试。

第二天，收到思成妈妈的一张微信图片，原来是思成在家收拾书桌，小手东摸摸，西扯扯，也把书桌清理干净了。

第三天，又收到了思成妈妈的信息：今天，思成自己整理了书包，文具一样都没有落下。

第四天……

第五天……

……

每天都能如期收到思成妈妈的"惊喜"，当习惯成自然，孩子不经意就长大了。

二、鼓励不可或缺

思成的点滴进步也表现在学习上。背诵的优秀名单上，渐渐多了他的名字；默写本上，"A+"越来越多；班级值日表里，他的评分最高。于是，我给思成妈妈编辑了信息："思成妈妈，近来孩子各方面表现都棒棒的。建议您在家都采取积极向上的鼓励方式，让孩子渐入佳境，往三好学生行列靠近。"

第二天，收到思成妈妈的一个小视频，原来是思成在家大声地背诵古诗，声音清脆动听。思成妈妈在一旁不断地配合古诗节奏，摇头晃脑地跟着一起读诗。这氛围多么温馨啊！

第三天，又收到了思成妈妈的图片信息：小思成在认真书写，有小小书法家的风范。

第四天……

第五天……

……

每天都能关注到孩子的点滴。

三、家长会添加剂

家长会上，思成妈妈作为家长代表上台发言："我的孩子并不优秀，在入小学前，我一直很焦虑。是我们的班主任苏老师让我有了自信，教我方法，让我和孩子顺利适应了一年级生活，并不断地进步。或许，你在忙，忽视了孩子的点滴进步，那么，我建议各位家长放慢脚步，蹲下身子，和孩子一同成长……"

来自家长的信任，我被他们评选为孩子心中最优秀的班主任教师。一股暖流，来自您的支持！是的，每一次家长会，我都会用心地准备，让家长去讲述故事，让班级的其他家长借助家长会平台，表达对老师的建议。

像思成妈妈的故事，一直那么普通，却时刻清晰地烙在了我的教书生涯里。与家长成为朋友，亦能事半功倍！借助家长的力量亦能收到更好的教育效果。

有你们同行，幸福满满

深圳市龙岗区园山街道西坑小学　陈　潇

在11年的教书生涯中，我遇到过很多家长，他们是我人际交往中非常重要的一部分。他们目睹了我从刚出校门，摸索教育的门道，到现在有了自己的一套教育理念和方法，可以说，他们见证了我的教育成长全过程。

刚走出校门时，学生家长是我的大哥大姐。渐渐地，我成了他们的同龄人。到现在，我已经比他们中的一些年龄都长了。真是岁月如梭！光阴飞逝，可有些事情如银河恒星，每当想起，心中都能升腾起一丝暖意。

还记得当年学校要举办首届运动会，初出茅庐的我，激情满满，想要出彩，想要一鸣惊人。于是，我心中渐渐有了一个想法——在开幕式上，学生们穿上同一款式的班服，多么骄傲，多么亮眼！想法促使行动。那时，还没有家委会，但是我跟几位家长关系还不错。事不宜迟，我赶紧召集了几位家长，商量这个"大计"。没想到，一拍即合！于是，事情紧锣密鼓地开展起来了。

首先，收集全班家长的意见。消息在QQ群里发布之后，得到了大部分家长的支持，他们纷纷表示："激发孩子的集体荣誉感，聚集班级士气，提升班级形象，大好事，必须支持！"可是部分家长有不同意见：平时孩子们都穿校服，买了班服会不会浪费？别的班级都穿校服参加开幕式，咱们会不会太突出了？……面对一系列的问题，我早有准备，一一解答："咱们选择的款式，偏运动服款式，周末和假期均能穿，不会浪费。""这个年代都讲究个性，个性不就是从每一次的自我展示中培养的吗？"其他家长也帮忙解释，很快这一步就解决了。家长们的支持，无疑给我打了一针强心剂。

接下来，就是选择款式。首先，我让家长们推荐自己喜欢的款式。这下可好，十几个款式挑花了眼。这个颜色好，可是样式一般。那个款式可以，但是网上评价不行。经过两轮投票，选出了两款，势均力敌，恰好24∶24。谁都在坚持着自己的选择，众口难调，这下如何是好？有个睿智的家长给我支着儿：咱们把两个款式都买回来一套，咱几个比对比对各方面，不就解决了？到时候肯定都选好的那一套！大哥大姐们阅历比我多，果然有方法！于是，我把这个想法跟大伙儿提出，大家都说好。

很自然地，来到了下一步——买样品。我工作忙，有个学生的妈妈——王大姐豪气地说："老师，孩子上学了，我没啥事，这个事我来做！"真是个干事麻利的人，三天之后，两套样品来到了我们眼前。我组织了几名热心家长一起来"品鉴"，质量如何，版型如何，性价比如何……最终选定了一款红白色的T恤。选定之后，家长代表在群里把质量、价格等方面的情况进行了说明。这下，质疑的声音没有了，大家都心服口服。

离校运会开幕的日子越来越近了，只有一周的时间，可是事情还很多。量身高、选码数，成了头等大事。琐碎的事情让我当初的热情消退了一半，我甚至有些怀疑，购买班服这个决定到底是不是给自己找麻烦。但是，我这个消极的想法马上被一位热心家长击退了，他跟我说："老师，时间完全来得及，咱们今天晚上就让家长报上，明天让商家送货！"那天晚上他在QQ里组织了几个热心家长，解答大家的疑问，指导报码数，打电话给没上网看信息的家长，硬是在11点半把全班的码数报齐了，并叮嘱大家让孩子第二天把钱交给我。

第二天，王大姐利索地把订单下了，细心的她还叮嘱卖家发顺丰快递。两个大包裹在离开幕式还有五天的时候来到了我们的身边。当孩子们拿到衣服的那一刻，他们脸上的笑容能照亮天空！可是问题又来了——有几个孩子的衣服订小了，现在退回去再换，时间可能不够。王大姐果然是网购达人，她说，退回去和寄过来同时进行，明天就能收到大码的衣服。

　　衣服终于全部到位了。看着崭新的衣服，同学们和我都爱不释手，想想开幕式当天咱们全班都能穿上整齐划一，却又跟别班同学不一样的服装，那个自豪感啊，真是满满的！

　　这时，一位家长李大哥给我提了个建议：能否在衣服上印个咱班级的标志？等孩子们毕业了，这件衣服可以留作纪念啊！这个建议我喜欢极了，可是时间紧，而且，我们上哪儿找印刷厂？我将这个疑问在群里说了，没一会儿，得到了一个强而有力的回复："老师，您放心，我们工厂有模子和印油，晚上就能开工，就是需要人手！"他的消息出来之后，屏幕上弹出了好几条信息："老师，晚上我来帮忙！""我做过，我会做！""我加完班就过去，肯定能完成！"我一时感动得热泪盈眶。我的学生家长们大部分都是工厂流水线上的工人，文化水平也不高，可是他们身上的热情，对我的爱护和帮助，时时让我感动！我们相约晚上7点到张大哥的工厂院子去印刷。来到工厂院子，张大哥把做好的模子拿了出来，"快乐四（1）"这几个字让大家啧啧称赞。可是大家都不会，这时张大哥和略懂印刷技术的陈妈妈担负起了手把手教学的任务。那个场景在11年之后的现在，我偶尔想起，都倍感温暖。在昏黄的工厂灯光下，在露天的院子里，在11月的凉意中，我和8位家长完成了48件班服的标志印刷工作。虽然有些字印歪了，有些油墨糊了，这里色深了，那里色浅了，可是大伙儿心中洋溢着成功的喜悦，疲惫的神情中透露着作为同一个班级的孩子家长的那种团结的自豪感。

　　在这样一群团结、热情、互助的学生家长的帮扶之下，校运会那天，我们班的孩子成了全校最闪亮的星。当孩子们的口号响彻操场的天空，我的骄傲也油然而生。我知道，虽然我的学生家长们不在现场，但是他们有着跟我同样的感受，在这个有爱的班集体里，我们都特别满足，特别自豪，特别幸福。

尊重　理解　改变

深圳市龙岗区横岗街道四联小学　黄文君

曾有一个同事问我："黄老师，我班有个家长经常在群里这样或那样发牢骚；而且我向他反映孩子学习情况、作业情况，他反而质问起我的教学班级管理等工作。您说我要不要在群里面怼他。"我急忙摆手制止！怼，是一种强势，在家长群里怼家长，这是不尊重家长。这时我们得想想：家长为什么发牢骚？在什么状态下？是什么原因让他发牢骚？家长当时是什么样的情绪等状态都不了解，没有理解家长的出发点或者其真正的用意就去怼，恐怕会产生误会，激化矛盾。对于批评的声音，我认为可以虚心倾听，有则改之，无则加勉。我是一名老师，但也是一个凡人，缺点或错误是免不了的，改变自己才是正道，去怼人家不利于解决问题，也少了一次改变自己的机会。

从教20多年，我几乎天天与家长打交道，这其中的酸甜苦辣尽尝，但我与家长们相处融洽，我能理解家长们，家长们对我也很友善，而我也尝试改进自己的不足，让自己做一个受欢迎的老师。要做一个受欢迎的老师，我认为可以用三个关键词来概括：尊重、理解和改变。

一、尊重

尊重他人是与人交往的重要原则，我认为尊重家长其实也是在尊重自己。有一年我中途接一个班级，原班主任认为家长太难伺候了：不配合的家长很多，投诉也很多,自己说什么也不带这个班了;家长群里也不太和谐:学生之间发生了误会,引发家长之间的相互指责……问题较多。我没有贸然出击,而是先去了解学生,同时向原来的任课老师讨教,还去了解家长们的诉求:他们对班级的建议,对孩子作文的要求,包括对我提的个人要求,等等。有的要求我通知孩子放学要去姨妈家吃饭;有的让我中午留下孩子,她要晚点才能来接;还有的叫我提醒孩子把水壶的水喝完才回家;等等,我都尽量做到。学生有问题,我也会尽可能不叫家长,而是以电话请教的方式,向家长寻求帮助。在一次期中家长会上,我诚恳地把班级、学生、家长存在的问题抛出来,希望大家讨论并帮我一起解决,怎样才可以让我们这个班更好。家长们理解我极少麻烦他们,认识到大家的矛盾其实都是因误会产生的,他们开始肯定我的做法,表示理解,并支持、配合我的工作,这一年我们班的班风班貌得到了显著改善,获得了学校的一致好评,我也被评为"优秀班主任"。

二、理解

当发生误会时,不要急于做判断,也不要给别人乱贴标签,可以尝试换位思考,看看能否理解当事人或者理解别人的行为背后隐藏的信息。有一位家长从来没有到校开过家长会,孩子在学校出现了许多大问题,也不在群里露面,两年中没有一位老师或家长见到过孩子的母亲。我接手后从多方打探,也没有了解到多少孩子的家庭情况。从孩子的口中,只知道他妈妈从来不上班,天天在家,但是孩子的作业、学习、生活一概由父亲料理。这个孩子不受同学的欢迎,是因为他上课只是做自己喜欢做的事情,从来不参与课堂学习,他愿意参与时也与教学无关,甚至会影响上课。他也经常打骂同学,同学们都不愿意与他同桌;我一安排同桌,就会有家长打电话来要求调座位。我尝试去理解这些要求调座位的孩子和家长:他们认为那个孩子是怪人;很可怕;不愿意接纳他;有些家长认为那孩子有暴力倾向是他的家长对他的影响,这样会影响到自己的孩子,更会伤害自己的孩子;要远离他,最好是把那个孩子调离班级、学校。而最可怜的是那个孩子和他的父亲,他们被认为是不正常的父子,父子不好好说话,孩子也不懂事,不能够正常沟通……当尝试几次电话沟通之后,我决定向那位父亲"讨教":"孩子上课中爬走廊围栏,有安全隐患；是我上门家访，还是到学校谈？"他拒绝家访。"如果今天没时间，你自己说一个时间我来配合你……"终于把家长请到学校，我把他安排在接待室，与他单独私聊，但是告诉他我们要记录一下，也请老师帮我拍照，而且告诉他，我请示了学校，现在是代表学校来处理这次安全隐患……那次聊天收效很大，家长感谢我们对孩子的关心、照顾和对他们的重视，表示会全力支持我的工作，并引导孩子学会与同学友好相处。家长感谢我的安排，我也理解了他的家，了解了他家的家庭情况和难处。我们协商同意，以后都用电话联系，我尽量帮他做好其他家长的谅解工作。

还有一个孩子的父母正在闹离婚，对孩子的教育不同反而加剧了双方的不愉快。我还是以理解别人的姿态来处理。在2016年的圣诞节晚上，我与他们一家三口在办公室度过了一个愉快的夜晚，直到晚上10点半。那天孩子虽然是因犯了错误而来，本应该是难过的人，但是因为父母、老师都来了，在他看来反而是像过生日一样非常开心。过了几天，他还为这件事专门做了一个乐高玩具送给我，表示感谢。现在他父母虽然分开了，但我们还是朋友，仍然常常联系……我认为这也是理解别人，给别人带来愉快的原因吧。

三、改变

有人说这个世界上唯一不变的就是变化。是的，要改变。改变的不是别人，而是自己。改变别人是困难的，老想改变别人，到头来谁也改变不了；改变自己也很难，但是相比改变别人就容易些。我想，不去怼家长也是一种改变；中途接班时不与家长硬碰硬，而是先理解，也是改变；先理解别人再去沟通怎样解决，也是一种改变；在处理问题时不先想自己，而是先站在家长的立场去想如何解决这个问题更有效，更容易被家长接受，也是改变。改变工作方式，改变处理问题的态度，改变只往一个方面想的思维习惯，也是改变我们，让我们成长！我们不是完人，但是尊重他人、理解他人、改变自己，可以让我们少犯错误，可以让工作顺利、生活愉快、家庭幸福，何乐而不为呢？

03

第三辑　同事故事

成长路上"推一把"

深圳市龙岗区横岗街道西坑小学　陈　潇

　　每个人的成长路不总是一帆风顺，那些沟沟坎坎抑或懒惰情绪，可能让你停步不前。在这个时候，如果有个人来助你一臂之力，推你一把，他就是你的"贵人"。我的班主任成长之路上，也有着这样对我帮助很大的"贵人"。

　　刚走出校门，我就光荣地当上了班主任。年轻人热血沸腾，准备大展身手。但开学不到两周，热情退减了一半，为什么呢？因为做班主任跟我想象中不一样啊！当学生的时候，班主任在我眼中就是个威严又能干的典型，他往教室里一站，同学们立马安静，投入学习。他如同一个CPU，指挥着各个零部件——班干部各司其职，在他的统筹和教育中，整个班级井井有条，稳步发展。可是，这样的情况仿佛离我很远。这两周来，整个班级乱糟糟的。孩子们仿佛在"欺负"我这个新人，我站到教室门口，他们也没有安静下来的意思。上课总是插话，犯了错，我教育过后，不到一天，又犯同样的错误。班干部的职责分工模糊不清，当然也起不到"左膀右臂"的作用。

　　正当我焦头烂额时，同办公室的老师看出了问题。原来，她每次经过我的教室，都会留意我的班级状况。她细心地询问了我的状况，我便和盘托出。爽朗的她拉着我的手说："这没什么大不了的，明天你把遇到的问题列个表格，我一个个把解决方法给你写上。以后学校布置的任务，咱们先私下把流程疏通一遍，你再去做。"在她的一步步指引下，我从管纪律到培养班干部，从培养学风到处理班级突发事件，都逐渐入门了。一个学期过去，我能够独当一面了。这离不开她事无巨细的指导，无论是入夜了还是周末休息，我一个电话她就能跟我详详细细地解答。站在班主任入门的关键点，多亏我的"贵人"拉了我一把。

就这样学着，做着，收获着。有一天，学校的德育主任找到我，跟我商量："郭蕾名班主任工作室招募学员，试试吗？"我是第一次听说还有"名班主任工作室"，名字听起来特别高端，可是，我就是一个普通的一线班主任，我配得上进入"名班主任工作室"吗？主任鼓励我试着递上申请书，并且带我去参加了工作室的学习。那是我第一次参加工作室的课程，也是那一次，我被大家的学习热情深深吸引了。那是来自各个学校的优秀班主任，他们带着各自的经验和问题聚到一起，在一次次的分享和交流中提高，思想的火花点燃了我。

进入工作室后，我们需要每个月撰写一篇教育案例。做了好几年的班主任，我很少对自己忙碌的日常进行总结和文字记录。在工作室的"规定"下，我硬着头皮留意着工作中发生的一点一滴，关注着事情如何发生，如何发展，我又是如何解决的。有目的地观察和梳理，使我的班主任工作一下子由琐碎和散乱变得有条理，且形成了自己的一套理论。

身怀六甲的我看到领导发出来的"龙岗区第三批骨干班主任"评选活动的通知。我没有把通知当回事。报名截止的前几天，分管领导找到我说："报名时间延长了，我觉得你行，上吧！"我有点儿为难："你看我这大肚子，精力不济啊！""没事，资料模板我这都有，你拿去参考一下，这几天抓点紧，资料填好打印出来我给你递上去！"在她的鼓励下，我咬咬牙把一大沓资料准备了下来，没想到初审通过了，最后还顺利通过了面试。就这样，我成了"骨干班主任"中的一员。进修学校组织第三批骨干班主任和首届名班主任进行了为期五天的苏州研究班学习，在课程与实地考察的高密度培训安排中，我的眼界得到了拓宽，也学习了很多优秀教育工作者的经验。

就这样12年过去了，入门时，有领路人；埋头走路时，有着可爱的同事扶我一把；懒散时，总有人推我一把，让我前进。一路走，一路学，更多的是一路的感恩。感恩有你们，才有我不断地进取与收获。以后的路，我也要用我的经验去帮助更多需要帮助的人！

感恩遇见

深圳市龙岗区园山街道安良小学　高　玉

　　人在青少年之时相处最多的就是同学和老师，踏上了工作岗位后，与我们朝夕相处时间最长的就是同事。还记得第一次走进四联校园，就深深地被眼前的美景所吸引，品果园里，百花齐放，像是童话中的仙女，所到之处万物复苏，鸟语花香，充满生机。我闭上眼睛，深吸一口气，忽然觉得自己被笼罩在绮丽的世外桃源之中。也就是在这里我遇见了美丽的你们，感恩有你们。

　　与同事间的故事每天都在发生着，没有惊天动地，却件件都暖在我的心头。还记得第一次走进二年级办公室的时候，一切都是那么熟悉，又是那么陌生。新的工作环境，全都是陌生的同事，说实话那时候的我很忐忑，怕自己不能够很快地适应新的环境。但就当我坐在自己的座位上孤独无助的时候，一双双援助的手都向我伸来。我有幸被分到了二年级组，同一备课组的两位老师都是经验丰富的班主任及数学老师，并且他们都非常热心，在工作和生活中都给了我极大的关心和帮助。

　　我先来说一说后来成了朋友的张老师吧。张老师教英语，她的办公桌就在我的前面，第一次看见她时，她给我的第一印象就是白白净净，很漂亮。我跟她打招呼，她主动加我微信、QQ，把我拉进学校群、年级群、班级群。她跟我是搭班，她也给我讲了4班的学生哪些上课容易走神，哪些上课比较喜欢讲小话，让我特别关注哪些孩子。她的介绍让我的教学工作轻松了许多，慢慢地就得心应手了。后面了解到她也是一个两岁宝宝的妈妈，那时候我的宝宝一岁多，我们的共同语言就更多了。当我对学校的各项活动要求、规章制度等有些摸不着头脑的时候，张老师总是不厌其烦地指导我，给了我很多帮助与鼓励。

下一个美丽的遇见就要说一说我同备课组的赖老师了。可以说我是赖老师班上的常客。赖老师是从教多年、经验丰富的数学老师，从她身上可以学习到的东西太多了。我真的很想跟她学习，于是有一天在请教她问题的时候，就跟她说："赖老师，以后可不可以经常去你班上听你的课，跟你学习呀？"我以为她会考虑一下，没想到她想都没想直接就说"好呀"。那一刻的我开心得像个孩子，连忙道谢。其实赖老师不仅是经验丰富的数学老师，同时也是身经百战的班主任。在遇到不知道怎么处理的学生，不知道怎么相处的家长的时候，我都赶紧向赖老师请教，而她的办法总是能一针见血，药到病除。赖老师在工作中总是无私地帮助我，毫无保留地给我最珍贵的建议。她自己有好的资源如习题、课例、课件等，她都非常愿意与我分享。还记得我们集体备课的时候，备"东南西北"这一节课，我提出来很多学生总是不会做"图书馆在学校的哪个方向"这种题，思路不清晰。赖老师二话没说，给我讲了一个更好的解题思路。在与赖老师交流的过程中我收获很多。虽然我是一名经验不足的新老师，但赖老师从来没有吝啬自己的赞美和鼓励。

还有一个不能不提的遇见就是我的好姐姐，我以前的同事、现在的领导郭老师。我还记得那天餐桌上的那瓶"珍珍"，相信很多人都不知道珍珍吧，珍珍是我们老家的荔枝味汽水，可以说是小时候的记忆。只因为我多看了它一眼，郭老师就把她从近3000公里外的东北老家带回来的珍珍给了我。这也许在别人的眼里是很小的事情，对我来说却暖了我心头的乡愁。大学时想念家乡，我会在晚上坐在校园的长椅上，给爸爸妈妈打上一通电话，邀请他们一起看当晚的夜空。独在异乡为异客，工作以后乡愁越发浓烈，有时候触动心头的就是一份家乡美食，一次老乡的关爱。

与他们之间发生的事情还在继续，感恩四联里所有的遇见。每天我们都在忙着工作，却未曾忘记用心灵扣动彼此的心弦。谢谢你们在我的人生中为我点燃了爱与希望的光。千里之行，积于跬步；万里之船，成于罗盘。感恩你们，我美丽的遇见。

不翼而飞的小红旗

深圳市龙岗区横岗中学小学部　黄伟红

在我们教育教学的过程中，经常会碰到这样或那样的突发事件，学生犯错也是常有的事。不过，多年来的教学实践让我明白：突发事件往往是实施教育的突破口，是教育契机。作为班主任，应该和科任老师密切配合，把学生的错误当成是最好的教育契机，循循善诱，因势利导，把错误转化成教育学生的动力，从而达到教育的理想目标。

一、缘起

某个星期二早上的第二节课，我走进教室正准备上语文课，突然，英语老师急匆匆地走进来，气冲冲地对着全班同学说："大家稍等一下再上语文课，我有件事情要问一下。"同学们都目不转睛地盯着英语老师，等着她的问话。这时，英语老师走到"比一比，看谁红旗多"班级评比栏的旁边，大声地说："有几个同学来告诉我说他们昨天刚贴上的小红旗少了三面，是谁撕掉的？"

从英语老师的讲述中我知道了事情的原委，因为过几天就要开家长会，为了让家长们看见自己的孩子在评比栏上有更多的红旗，英语老师昨天让同学们把奖励的红花兑换成小红旗贴在评比栏上，可是今天早上就有三个孩子发现自己的红旗都少了三面，赶紧去告诉了英语老师，于是就出现了开头的那一幕。英语老师看看大家，继续说："是谁干的？快点站起来！"全班鸦雀无声，50个孩子都安静地坐着，空气仿佛凝固了，漫长的几分钟过去了，还是没有人站起来。

我想这样下去不仅查不出"元凶"，而且浪费了我上新课的时间。于是我把英语老师拉到教室外，对她说："你这样问肯定问不出来，做这事的人心里害怕，现在一定是不敢站起来的。我们得用另外的办法。这件事交给我处理好了。"英语老师点点头，对我说："黄老师，查出这个同学以后一定要严肃处理。"

二、策略

英语老师走了以后，我走进教室，对同学们说："同学们，刚才英语老师说的这件事，我知道肯定是我们班的人做的，这可不是一个好学生的表现，我猜这个同学肯定也已经意识到了这是一种错误的行为。我们谁都会有错，老师和你们的爸爸妈妈都会有错，更何况是你们这么小的孩子呢？我们都是在不断改正错误中慢慢长大的。有错就要勇于承认和改正，改正错误了就是好学生。我相信那个同学肯定也想改正，只是现在是上课时间，我们要学习新内容，所以就暂时不浪费时间在这件事情上了。但是我愿意给这个同学一个改正的机会，请这个同学在放学之前悄悄地来告诉我或者写一张纸条偷偷地放在我办公室的桌子上向我承认，只要承认了老师就不会在全班同学面前点出名字。不然，如果没有承认而是由老师查出来的话，后果就比较严重了。"说完我用眼睛扫视了全班每个孩子一遍，就开始上课了。

三、效果

下课以后，我和其他语文老师一起去辅导一个准备代表我们学校参加比赛的学生了，直到第三节下课了才回来。回到办公室刚坐下，我发现办公桌上的电脑键盘下压着一张小纸条，上面写着几个字：黄老师，是我干的。署名小逸。我舒了一口气，这办法还真奏效。小逸，是一个平时就比较调皮好动的孩子，与同学关系也不太好。思索了一下，觉得我应该好好抓住这个机会和他聊聊，看是否能让他有所改变。

于是，我先把这件事告诉了英语老师，然后把我的想法也告诉她，让她按照我的方法配合处理这件事，英语老师笑着说："行，那就全权交给你了。"

下午，孩子们来到学校，上课之前有10分钟的午读时间，我把小逸叫来办公室。进来时，小逸眼里有一丝恐惧的神情，我搬了张椅子让他坐下，对他说："小逸，看到你的纸条我很高兴，说明你是一个勇于承认错误的孩子。"看到我没有批评他，小逸的脸色平和了点。我接着问他："能说说你为什么要这么做吗？"小逸轻声说："我，我的红旗比较少，其他人的都那么多，我不想家长会的时候让我妈妈还有其他家长看见我的红旗这么少，况且那几个同学曾经骂过我，所以我就趁人不注意，偷偷把他们的红旗撕掉了。"我说："小逸，你不想让妈妈看见你的红旗少，说明你是一个有上进心的孩子。同学们的这些红旗都是他们靠自己的努力去获得的，只要你遵守纪律、认真学习，你也会获得越来越多的红旗的。你觉得你这种行为对吗？"小逸低声说："黄老师，我错了，我不应该嫉妒他们红旗比我多，不该去撕掉他们的红旗。我以后不会了。"我摸了摸他的头，说："小逸，老师相信你，你要在各方面严格要求自己，这样你才会进步，获得更多的红旗。而且，老师希望你和同学相处时要大度一点，不要动不动就和同学闹意见，这样，同学们才会喜欢和你做朋友。"小逸点点头，说："黄老师，我会慢慢改的。"我让他也去跟英语老师道歉了。

下午上课时，我在班上说："同学们，撕红旗的同学已经向老师承认错误了。"同学们大声问："黄老师，是谁呢？"我说："我早上说过，只要这个同学勇于承认错误，改正过来，我就给他一次机会，不会在班上点他的名字。老师相信他能够说到做到。你们是不是也愿意给他这个机会呢？"大家异口同声地说："愿意。"我看向小逸，小逸也看着我，露出了轻松的笑容。

接下来的几天，我发现小逸上课确实认真多了，其他方面也有进步。我一次又一次地表扬了他，奖给他一朵又一朵小红花，他的眼睛更明亮了，笑容更灿烂了。

英语老师看到小逸的表现，也开心地对我说："黄老师，还是你有办法。"我冲她眨眨眼，说："好在有你的积极配合啊！"我们都大笑起来。

四、感想

苏联教育家苏霍姆林斯基说过："我们要像对待荷叶上的露珠一样，小心翼翼地保护学生的心灵。"当年他任乡村中学校长时，发生过这样一件事：

一天，他看到一名低年级的小女孩摘下花房里的一朵玫瑰花，他走过去蹲下，拉着小女孩的手，微笑着问："你能告诉我，你要拿这朵花去做什么吗？"小女孩害羞地说："奶奶病得厉害，她看不到外面的花，我想把这朵花拿回去给奶奶看一眼，等她看完我再送回来。"苏霍姆林斯基被孩子的话深深感动了，他又摘下两朵玫瑰花送给小女孩，说："这一朵是送给你的，因为你有一颗美丽善良的心；这一朵是送给你妈妈的，感谢她养育了你这样的好孩子。"

作为教育家，苏霍姆林斯基想到的是先了解孩子行为的动机，因为任何错误的行为必然有它产生的原因，把原因找出来，教育才能对症下药。这样处理的方法好比一贴清凉舒适的膏药，让孩子在宽容中软化，自然改过，所以，在教育过程中我也尽自己最大努力去这样做。小逸的这个案例让我更加坚信：我们要把学生的错误当成最好的教育契机，把错误转化成教育学生的动力，从而达到教育的理想目标。同时我也感到：要教育好学生，和科任老师密切配合、共同教育，也是必不可少的。

教书行里有你，如有一大宝

深圳市龙岗区横岗街道安良小学　苏云凤

我刚踏上教学讲台那年，因太年轻，栽了不少跟头。正所谓"不经历风雨怎能见彩虹"，"三人行必有我师焉"，积极向老教师请教，是迫在眉睫的一等大事。

坐在我旁边的是那位和蔼可亲、戴着一副老花镜的李老师。刚开始见她，我总慌乱，生怕她不愿搭理我。但李老师转头，亲切地说："年轻人，是不是班上又有学生捣乱，头疼啊？"被李老师言中了，我红着脸，低下头，搓着衣角。

李老师见状，拿起桌上的笔记本，对我说："这是我多年从教的一些随笔，你可以借鉴一下。"我如获至宝，连声道谢。

一、建立班级常规

小学一年级是孩子习惯养成的最佳时期，培养习惯从班级建设抓起！好的习惯对孩子的一生都起着很重要的作用。耳旁响起李老师的话："不可操之过急。"

难怪我的教室吵吵闹闹，原因在这儿。于是，我着手开始观察班级学生的表现，制定一些易操作又有实效的规则。我牵着学生的手在校园内逛了一圈，告诉学生哪些可做哪些不可做。我学会慢下脚步，等待最后一个孩子进班，吵闹现象悄然而退。

二、培养学习习惯

"一年级的阅读和书写同样重要。"翻开李老师的笔记本，上面记载了她与学生在学习中的点点滴滴。中午的午读课尤为重要。

　　我早早地来到教室，捧起书，静静地阅读。学生一个个进教室，也学着我的样子，静静地拿起书，或看书，或看老师，总之，没有了之前的吵闹。那一周，我们班被评为校级"文明班"，我高兴地拿着奖状去感谢李老师的妙招。

三、课后语重心长

　　"班班都会有几个调皮捣蛋的娃，都会有几个不爱学习的娃，总之，你得有新招。"李老师又点醒了毛躁的我，为何不静下心与学生谈谈心呢？

　　我把最具典型的小刚留下来，刚开始，他很抵触，说："我三爸在等我回家吃饭，我要回去。"要是以前，我肯定爆发了。但此刻，我做了个深呼吸，并说："老师已经打电话让你三爸5点10分再来接你回家。"小刚才听我讲话。

　　待我与小刚沟通后告诉他，学习是自己作为学生的责任，要当一个有责任的男子汉，要对自己和自己的学习负责时，小刚似乎听明白了，连连点头。

四、丈量家访之路

　　"要了解每一个学生，就要深入去家访。"难怪，李老师的学生和家长都那么敬重她。

　　学期中，我都会定期普访，做到了解学生情况于掌心，真真切切掌握每个孩子学习背后的原因，去帮助每一个需要帮助的学生。

　　"初生牛犊，可教，可教！"这是李老师对我的评价。在李老师的帮助下，我渐渐地适应了教书，而且越来越喜欢教书，在这教书行里，遇上李老师，就如遇上一大宝。

　　此后，每逢新教师入行，我也会拿出自己的教育随笔，向他们推荐自己教学中的点点滴滴，共同商榷。未来的教育路还很长很长，还会遇上更好的你！

教育路上，感恩有你

深圳市龙岗区横岗中心学校　李春苑

做一个班主任，天天见面的除了每天要打交道的学生以外，就是学校的同事了。在多年的班主任职业生涯中，我的同事让我感慨万千，获益良多。

一、三人行必有我师

还记得我做班主任第五个年头的时候，我意气风发，干劲十足，而且班主任的威严与日俱增，说的话学生必须要听从。

可是，我发现结果很不尽如人意。我每天早早去班上，严格要求自己，更严格要求学生，可是学生总也不够听话，总是会有大量违反纪律的事情出现，不是有一部分学生迟到，就是科任老师投诉班上的纪律不好，要不就是出操拖拉……我扑了这边的火，那边又燃起来了，不管我出台多么严的处罚措施，学生的表现还是让人恼火不已。我不禁怀疑起自己的能力来。

我烦躁起来，赶紧找办公室的同事帮忙。我的科任老师说："我们办公室的班主任很多很厉害，不管是年长的还是年轻的，都可以去请教啊。"好吧，古人云：三人行必有我师焉。我开始观察我的旁边班级，发现了一个刚毕业的老师带的班很是让人羡慕，看她班的孩子去到办公室个个有礼貌。于是我悄悄地问她有何诀窍，她说："没什么秘籍，就是从学生角度去着想，多鼓励他们。"我当时心里不以为然：这置老师的威严于何地？同办公室的资深老师黄老师跟我咬耳朵：不要小看刚毕业的老师，每个老师都有自己的优点，你要不信，可以多去留意她带的班。

于是，我经常经过她的教室，留心倾听，耳边飘过她的声音："同学们，好多人都说我们班的孩子调皮捣蛋，爱打闹，我却好喜欢哦，因为这说明我们班的孩子特别活泼，特别聪明，不聪明哪会捣蛋呢？你们说是不是？"然后是一阵震耳欲聋的掌声。再来一段："听说咱们班的孩子做事麻利，今天老师就考验考验你们，这块包干区怎样在最短时间内打扫干净？"台下的学生拼命举手……哦，原来是这样，可以让自己少生气，效果会更好。于是，我学以致用，改变自己威严的班主任面孔。慢慢地，我发现在班级管理的过程中，我越来越省心，班级也出现了很多奇迹，以前不爱学习的学生开始认真学习了，以前不喜欢劳动的学生喜欢上了劳动，各种比赛中，我们班也创出了以前没有的佳绩。

二、干吗不去试试

在班主任的教育生涯中，我遇到了很多良师益友，我发现她们给我最多的一句话是：干吗不去试试？

是的，当我不想出试卷的时候，我的科长对我说："你经验这么丰富，为什么不去试试呢？"于是我去试了，这一试就是好几年，还曾经在整个区"出试卷比赛"中获得一等奖。

当我们学校准备班容班貌评比，领导找到我要我为全校做示范的时候，我说我不行。可是领导对我说："你对班级管理这么有方法，为什么不在这个方面试试呢？"于是我试着查找资料，确定方案，找人帮忙写大字，找装饰品，想办法让学生参与……最后成功为教室布置做出了示范。

当龙岗区骨干班主任评比开始的时候，德育处的钟主任让我去尝试，我说："我现在教毕业班，没那么多时间和精力呢。"钟主任微笑着说："你不去试试怎么知道自己有多能干？"于是我去试了，然后成功地被评为龙岗区第二届骨干班主任，在那里，我学到了很多有关班主任的知识和技能，让我的教育生涯又进了一步……

三、润物细无声

我在观摩区里2019年度教师比赛的时候，看到很经典的一句话。德国哲学家雅斯贝尔斯在《什么是教育》一书中说道："教育就是一棵树摇动一棵树，一朵云推动一朵云，一个灵魂唤醒另一个灵魂。"这让我想到了办公室的花姐，她就是那棵参天大树，我们就是围绕在她身边的小树，我们跟着她一起舞动。你看，她正在笑着对她的英语搭档说："英语老师，你就放心外出学习吧，班上有我呢！"她的搭档轻松地去学习了；"哇，你班的教学成绩一下子提高那么多，赶紧跟大家分享分享！"那老师笑得眼睛眯成一条缝！花姐让我学会了如何关心自己的科任老师，让我学会了如何与同事交流沟通。

我身边还有很多参天大树，如办公室的一位老教师曾老师，有一次因为连续上课，加上参加培训，她病了，喉咙痛，感冒咳嗽好几天，依然坚持带孩子们去参加社会实践。曾老师自己去参加除了上课以外的各种比赛，获得了一项又一项荣誉，一会儿拿回"第二届龙岗区骨干班主任"的称号，一会儿拎回"龙岗区第四届骨干教师"的称号。看着她不辞辛劳地去参加进修学校组织的封闭式培训，风风火火地去，有气无力地回来，我们都心疼她："曾老师，你不要太拼了，身体要紧！"她又是大手一挥："不用担心，你们的曾老师是铁打的。"从曾老师铿锵有力的语气中我看到了教育的力量，看到了教育的一扇窗户。从这个窗户看过去，有一群像花姐和曾老师一样的人，他们热爱学生，热爱教育事业，关心同事，关心集体，把毕生精力都献给教育事业。这是一群可爱的人啊！就是这一群可爱的人，让我不敢懈怠于人到中年的惰性，不敢停下学习的脚步，他们如同春雨一样无声地滋润着我，激励着我不断前行。

一路走来，感恩有你！

"一米阳光"在心头

深圳市龙岗区龙岗街道龙西小学　彭思兰

踏上教育工作已经10余年，在这十几年的生活里，和我朝夕相处时间最长的就是同事，和同事之间的故事每天都在上演，没有惊天动地，有的只是丝丝温馨与感动。回忆起点点滴滴，仿佛"一米阳光"在心头。

刚踏入龙西这所学校，需要一段时间适应，加上骨干和讲师的培训，那一年外出培训时间比较多。如何能让自己安心地外出学习，这就需要合理安排好自己的班主任工作与教学工作，这时与同事的相处就显得尤为重要。

记得刚来学校时，同事有事需要帮忙，不管大事小事，只要力所能及的事，我都会尽力去做，做不了的也绝不含糊。自己外出学习，有了提升完善自我的机会，积累了一些教育教学资源。学校开家长会，我愿意跟大家分担，承担了年级家长会的家庭教育讲座。工作室要上录像课，做讲座，同事们愿意互帮互助，才得以让我完成这些事。当他们知道我要外出培训时，老师们愿意跟我调课，搭班科任老师还主动跟我说："放心，你就安心出去学习，'家里'有我们呢！班级的娃们就交给我们吧。"这让我感激万分，一股暖流涌上心头。

与搭班老师沟通时，我常报喜常表扬。我会经常在科任老师面前说，自己班的孩子多喜欢他们，家长如何认可他们；我会把家长跟我在聊天记录里肯定老师的话语截图保存并发给科任老师；我也会把家访时家长表扬评价老师的话说给他们听；我还会把孩子们喜欢老师的话语演给他们看。这让科任老师感受到自己是被肯定、被需要、被在意的。这无疑加深了我跟科任老师的沟通，也拉近了科任老师跟班级孩子的距离，这让他们相互之间产生亲切感，孩子们感受到了老师们的爱。只要心中有爱，一句肯定的话语，一个赞许的目光，就能感受到"一米阳光"在心头。

是的，与同事朝夕相处的点点滴滴、温馨与感受，如同"一米阳光"在心头。我似乎闻到了校园里酝酿的美酒，一杯情谊、欢乐、进取的美酒！"一米阳光"直射进校园，像一束亮闪闪的金线，照亮了我的心田，温暖着校园，温润着这杯美酒，让它发酵、弥漫！

有您，真好

深圳市龙岗区横岗聚英小学　朱燕红

　　我任六年级班主任的时候，新调入我校的刘老师担任我班数学科任老师。这位老师有20多年教龄，教学经验丰富。能与这样的优秀老师搭班，我倍感荣幸。

　　第一次见面，她便微笑着说："朱老师，您好，很高兴有机会跟您搭班和向您学习，希望以后多多指教。"这是位多么谦虚的老师啊！我心想。

　　在班级群对刘老师进行介绍之后，我们的搭班工作也开始了。因刘老师教六年级经验丰富，所以她很快进入了状态，家长及孩子们适应得也很快。而且，刘老师在教学上很有一套适合六年级孩子的方法，因此在班上她也非常有威望。因为有她在，第一次带六年级的我有了学习的方向，很多不懂的地方我会去向她请教，作为一个六年级的新班主任，我也渐渐有了信心。她像一棵大树，而我像树荫下的小草，有刘老师在，即使面临再大的风雨，我都不惧怕。

　　9月中旬，我代表学校参加街道的青年教师基本功大赛，因忙于比赛，很多课调不开。正当我处于焦虑的时候，刘老师主动过来跟我说，所有调不开的课，她都会帮我先看班，班主任工作她也会帮我处理好，让我安心准备比赛。在她眼里，我就像个妹妹，她像个大姐姐一样照顾我、支持我。多好的刘姐姐啊！我心里舒了一口气，全力以赴准备比赛。两天后比赛结束，我不孚众望，获得了一等奖。待成绩出来那一刻，她的反应更像我的姐姐："恭喜恭喜，好棒哦，孩子们也很乖，放心好啦，孩子们放学全部回家了，教室卫生及桌椅电源等我都检查好了，今晚你好好休息。"那一刻，我真想去拥抱她，我知道这两天，她每天的课连堂6节，没有休息，她没有抱怨，心甘情愿地在背后帮我，默默付出着，我心存感激。有您，真好。

作为第一次当六年级毕业班班主任的我，总是手忙脚乱。刘老师总会站出来帮助我。平时做操整理班上队形的时候，刘老师也会一直帮忙整队；每节数学课第四节课下课，刘老师都会要求全班把桌子摆放好，桌子下面的卫生做好。在她的监督下，班上孩子们的行为习惯大大改善。我们班在四楼，每次中午放学学生都喜欢扎堆讲话，自从刘老师带他们下楼放学回家后，班上中午放学顿时井然有序。她做了很多工作，帮我这个班主任减轻了很多负担，我心里一直很感动。

运动会的时候，每个班级都要进行展示表演，那段时间，我忙得不亦乐乎，有时饭都没来得及吃。刘老师见状，早读的时候她会提前带学生下去练习，我们班运动会彩排的时候，她也早早到场帮我处理各种问题。有她在，班上的运动会事宜一切进展顺利，有您，真好。

这学期我们班有一女生因升六年级情绪波动大，经常在课堂上冲出教室，甚至还做出其他极端行为。作为新手班主任，我几乎每节课都提心吊胆。在学校上班的每一天，我都是精神紧绷的。一次六年级学生开展讲座，我班那位女同学突然冲出教室往楼下跑，情绪反应很大。当时我们都在排队准备去会议室，我吓坏了，手忙脚乱，不知所措。这时，刘老师跑过来了，她安慰我别担心，有她在。后来，这件事处理得很顺利。每次在我最需要帮助的时候，她像个大姐姐一样，总是第一时间站出来给予我帮助。有您，真好。

在家长面前，您总是肯定我这个班主任的工作；在学生面前，你对我夸奖有加；在同事面前，您一次又一次对我竖起大拇指。您一直鼓励我，指引我这个90后班主任向前进。第一次带六年级，因为有您的帮助，我渡过了一个又一个难关。刘老师，刘姐姐，有您，真好。

04

第四辑 学生故事

孩子，慢慢来

深圳市龙岗区横岗街道四联小学　柳建莲

"老师，您还好吗？不要太累了，要注意多休息。我现在在中学挺好的。过几天初三中考，我们不用上课，我想去看您。"看着小彤同学给我的微信留言，我心里充满温暖和欣慰。

小彤是前两年从我班上毕业的学生，刚接手她时，只感觉她是个大大咧咧的小女孩，想笑时她会大笑，想哭时她会大哭。她虽然成绩不太理想，却是个热心肠的孩子，班上同学有什么困难，她会第一个站出来帮忙。她热心为班级服务，早上和下午总是早早来到教室把教室里的一切整理好。为此，我常常在班上表扬她。

课间，她经常会站在办公室的窗口看看老师，有时也会进来，缠着我问长问短，我总是耐心地回答她。然后她就高兴地帮着拿教具、搬作业到教室。

一次，她满面愁容地来到办公室，难过地说："老师，背诵课文时，背英语单词时，我怎么总是背不会？数学我也学不懂，好难啊！老师，你说我是不是很笨啊！"作为老师，听到学生这样说，我心里为之一震。没想到这孩子平时没心没肺似的，对自己的学习竟然那么在乎。也没有想到她会那么不自信。回想她平时的表现，在学习上她确实没有偷懒，但成绩还是不怎么样。但我从来没有因为她成绩不好而责怪她。因为我觉得每个孩子在学习上是有差异的。我笑了笑对她说："小彤，慢慢来，你是行的。你有很多地方都比其他同学强，比如，你的作文写得很好啊！"她听了后开心地说："真的啊！老师，谢谢您！"

那次谈话我以为小彤只是跟我说说而已，并没有太放在心上。让我对小彤有更深入了解的还是这样一件事。

那天下午放学后，我正在办公室备课，班上一位同学急匆匆地跑进办公室，气喘吁吁地说："柳老师，不好了，小彤刚才把她自己的数学试卷撕得粉碎后大哭起来，还用头撞墙壁。"我三步并作两步来到教室，同学们都排队放学了，只剩下几个值日的同学。小彤站在教室后面，面对墙壁，伤心地哭，手不断地捶打墙壁。几个值日的同学站在旁边劝她，她却大声地对那几个同学说："你们都走开！"

我走到小彤旁边，说："小彤，你怎么啦？我能帮你吗？"她不说话，只是一个劲儿地哭。我说："我理解你，你现在很难过，是吗？"

她转过身，对我说："老师，你不要理我，我太笨了，太没用了。数学我怎么也学不会，上课怎么也听不懂。"我让她坐下来。通过与她谈话，我了解到她第一单元的数学测试只考了50多分。下午发了数学试卷，看到这样的分数，她很伤心。了解到这种情况后，我和她分享了台湾著名女作家三毛读书时的故事，并鼓励她慢慢来，找到学习数学的方法，不懂的可以请教数学老师。她听了后情绪慢慢地平静了下来。看天色已晚，我提出送她回家，她没有拒绝。我们一路走一路聊，送到她家门口。她说："老师，谢谢您！我现在好多了。您不要担心我，我会好好的。"

回家的路上，我一直在思考，平时看起来挺开朗的孩子，怎么会有这样的一面呢？我拨通了小彤妈妈的电话。和她妈妈的交谈中，我了解到了小彤的身世。原来，小彤现在的爸爸妈妈是她的养父养母，小彤是养母在小彤1个月时抱养的，养父母现在接近退休年龄，但家境不错。养父母平时因为工作忙，很少有时间陪伴小彤，小彤基本是跟保姆在一起。养父母有一个女儿，也就是小彤的姐姐，姐姐已经成家并有了孩子。小彤经常也会在姐姐家住。平时小彤在家很乖巧，会帮忙做很多家务，只是学习成绩不太好，尤其是数学。但她在学习上还是很勤奋的。从小彤妈妈的话中，我能感受到她对小彤的爱，她对小彤视如己出。小彤妈妈还说，去年小彤不知怎么知道了自己的身世，情绪变得不稳定，有时很暴躁。而且，她有一个手是二等残疾，12岁时需要做一个大手术。她知道这事后，很担心，经常会问妈妈，她是不是会死。

怪不得小彤会有这样的表现，小小年纪的她心里承受了这样的压力。

接下来的几天，我明显感觉到小彤沉默了许多，也比较少往办公室跑了。

我对她的关注更多了。一天，她用QQ给我留言，说她现在没事了，让我不要担心她，她会好好的。之后，QQ聊天成了我和她沟通的方式之一。在聊天中，她和我说了很多，我总是做她的忠实听众。她也和我说起她的手要做手术的事，她说她很怕做手术时会死去，我安慰她、鼓励她。她说，我是最关心、最了解她的，因为我，她什么也不怕了。

为了增强小彤的自信心，在班干部竞选时，我私下建议她竞选劳动委员。一开始她怎么也不肯，她说："老师，我不行的，我从来没有当过班干部。"我一再鼓励她。在她的努力下，通过演讲和同学的投票，她最终顺利当选。当上劳动委员后，她很开心，平时工作更加起劲了。

后来数学老师反映，小彤在数学学习方面有了很大进步，克服了之前的浮躁情绪，成绩有了明显提高。

六年级第二学期，小彤的手做了手术，手术很成功。

六年级毕业前夕，小彤给我留言："柳老师，你知道吗？我好希望我们学校有初中，这样我就可以继续在这里读书，在这里读书就可以天天看到你。不过到了别的学校读初中，我也会经常回来看你。我会认真学习的，我会好好的。"

每朵花都有它开花的时间，静待花开，需要的是时间。

每个孩子都是含苞待放的花蕾。孩子，慢慢来！

老师，谢谢您

深圳市龙岗区横岗街道四联小学　柳建莲

　　这天，我上完课从教室出来往办公室走，远远地就看见两个初中生向我走来。"柳老师，我们来看你了，教师节本来要来看你的，因为放学太晚，最后没有来。"这不是前两年毕业的陈同学吗？个子还是那么矮，灿烂的笑容中带着一丝孩子气，不过，感觉他懂事多了。在和他聊天的过程中，我得知他在中学还担任了班干部。

　　看着他那矮矮的个子和滔滔不绝的嘴巴，我的思绪又回到了接手他的那年。

　　记得在接手他之前，就经常听教了他几年的老师们说，他浑身都是毛病，惹是生非似乎是他的一种乐趣；他从没有做过作业，做了也是错多对少；他在课堂上很少听讲，不是睡觉就是干扰别人学习；书包里没有文具盒，笔就更没有了；批评他，他还很不乐意，故意犯事找碴儿，一副对着干的架势。更可恶的是，有一次竟爬墙到幼儿园，把幼儿园水池里的金鱼全部活活掐死。一次又一次地听到他的这些情况，虽然没有见过本人，但是心中已经对他非常熟悉，总是祈祷下年接班千万不要接到他。但世上的事就是这样，你越怕它就越来。最后他还是分到了我班。

　　开学才几天，我就发现他比传说中还要恐怖，打架是他的专利，搞恶作剧是他的特长，课间总会惹哭几个同学，午休惹得全班不得安宁。最可恶的是明明是他闯的祸，如果老师没有亲眼看见，即使当时有同学在场看到，他也从不会承认是他干的。总之，他的"光荣事迹"真是罄竹难书。

那天第一节下课后，无聊的他怂恿几个同学一起把谢同学的桌椅推倒，把他书包里的书和文具全部倒出来。谢同学大哭，跑到我办公室来投诉他。我随谢同学来到教室，陈同学跷着二郎腿，咧着嘴笑得正欢，看到我和谢同学进来，他指着谢同学说："你只会告诉老师。"然后气势汹汹地对我说了一大通谢同学的不是。看着他那嚣张的模样，我火冒三丈，真想一巴掌打过去。但我强忍住了心中的怒火，因为我知道，我生气可能他会更高兴。所以我平静地对他们说："你们每个人想想在这件事中所负的责任，下课后再跟我说清楚。"上课铃声响起，我接着上第二节课。出乎意料，这节课他很安静，而且坐得比平时都直。也许，他心里想着我下课怎么处理他；也许，他心里想着他这样子，老师为什么都没有冲他发火。下课后，其他几位同学都来说明了情况并承认了错误，唯独陈同学没有来找我。我从这几位同学口中了解到整件事就是陈同学故意弄出来的。我让学生把陈同学请到了走廊，他来到我面前，气呼呼的，一脸的不屑。我还是平静地对他说："你说说吧！"他生气地说："你找我不找他，明显不公平，你没有问问他干了什么……"他接着说了许多谢同学五年级时怎么怎么样，他怎么看他不顺眼，所以这次要整整他。我笑着对他说："在我的印象中你可不是这样的人哦！这件事你没有错吗？你的责任在哪里？"他高昂的头低了下来，小声地说："有，我不该这样对同学。"接着他就沉默不语。我心平气和地跟他分析了整件事。也许他觉得我说的还是有道理。最后他认错了，还跟我说了很多在我看来是鸡毛蒜皮的一些小事。最后我还是跟他说："谢谢你跟我说了这么多，以后有什么事记得及时跟我说。"那天下午的班会课，我有意和全班同学分享了一个关于怎样和同学相处的故事。在分享故事的过程中，我发现他听得特别认真。

通过这件事，他的表现有了那么一丁点的好转。上课偶尔会抬起头来看一看，有时还会举手发言，虽然经常讲得牛头不对马嘴，但我还是表扬他有进步。课间他经常跟在我后面，找我说班上的一些情况。

有一次和五年级时的老师聊天，五年级的老师说现在陈同学不一样了，远远见到她就会很热情、很有礼貌地跟她打招呼。当天，我在班上说了这件事，表扬了陈同学很有礼貌。

表扬的力量真的很神奇。接下来的日子里，语文课上他越来越认真，上课从来不动笔的他竟然有时候也会拿起笔来写了；班会课上，他对班上的一些事分析得头头是道，还对班级建设提出了一些很好的建议。他虽然每天还是会惹事，但对班级的事情却越来越热心。

即使这样，他也还有让我头痛的地方，那就是他课间总爱惹同学，一刻也停不下来。每天早上和中午他都很早到校，因为坏习惯太多，他管不住自己，也不喜欢阅读，所以到校后总是在教室里走来走去，要不就到别的班去惹事。我说："陈同学，老师推荐了这么多书你都不喜欢看吗？"他笑嘻嘻地说："老师，一说到学习我就莫名其妙地烦，我不喜欢看书，一看书我就想睡觉。"跟他讲学习等于白讲，因为他对学习一点兴趣都没有，他也根本管不了自己。那段时间，我真的烦恼，早上吃早餐不能安心，午休无法入睡，总担心他早早来到教室惹是生非，弄得全班同学都没有办法静心阅读。

"给他找点事做，让他忙起来。"这样的一个念头在我脑海中闪过。也许这样可以让他找到自己的价值。对，就这样做。平时班上要搬要拿东西的事都叫他去干，有时我也会让他帮我打字。通过一段时间的观察，我发现他在班上有号召力，班上几个调皮的同学很听他的话。为了约束他，我就跟他商量，让他早上和中午来到教室后就坐在讲台上和当天的值日干部一起管理班级，并任命他为纪律委员和课间总监督员。他很高兴地答应了，这时我也对他提出了要求：要求他要以身作则，关爱同学。只有这样，全班同学才会信服他。

当了"官"之后，他确实有了不小的变化，课间他也有事可做了，早上和午休来到教室后能安静点了，其他几个调皮的学生也被他管得服服帖帖。各科任老师也反映他在课堂上很少干扰别人了。了解到这些，我及时给予他鼓励，悄悄地给他一些小奖品。

他的变化激励着我，也给了我信心，不断地发掘他的潜能。我发现他篮球打得不错，为了给他加把劲，我们班组织了好几场篮球赛，同学们自觉称其为"陈队长"，这样就给他搭建了展示自我的平台。在年级的篮球比赛中他担任主力，最后我们班获得了第三名的好成绩。在那次篮球比赛中，他找到了自己的价值，懂得了班级荣誉的重要性。篮球赛后，竟然有一个多星期没有老师和同学投诉他。后来和他聊天的过程中，他说他很喜欢篮球，每场NBA比赛他都必看。知道他对篮球如此热爱，我特意在网上买了一本介绍篮球巨星乔丹的书送给他。他拿到这本书后，无论是早上还是午休，都捧着这本书看得津津有味，甚至有时下课也看。随后我还向他推荐了其他有关篮球的书，他都一一买下来看。

从那之后，陈同学真的变了，爱学习了，上课不捣乱了，不惹同学了，早上和午休基本能安静地看书，学习成绩也有了提高。

"老师，谢谢您！当年不懂事的我，给您惹了很多麻烦。要不是您，我可能还是当年的那个差生。是您的帮助，让我改掉了许多坏毛病；是您，让我看到了自己的价值所在；是您，让我知道了要做一个怎样的人。谢谢您，老师！""老师，我们先走了，有空会再来看您的。"

一句"老师，谢谢您！"让我感受到了陈同学的成长，也让我感受到了为人师的幸福。我想：每一个孩子都是独特的，作为教育者的我们，要用心去发现他们的闪光点，用智慧去开启他们的心灵之窗，帮助他们完善人格。

温馨常在，收获美好

深圳市龙岗区横岗街道四联小学　吴顺银

"一辈子做教师，一辈子学做教师"，于漪老师的真知灼见，永烙我心。

——题记

2019年的夏天，是我执教的第二年，学校安排我担任五（2）班的班主任。五年级的学生，面对替换班主任和语数英科任老师，在任何老师的课上都表现积极，唯恐自己在老师那儿没有留下什么好的印象。尤其在既是班主任又是数学老师的我面前，同学们可以说表现得是相当活跃的。他们对我充满了好奇，我也对他们充满了喜爱。很快，我便掌握了本班学生们的基本情况。

在第二周上学的时候，班级开始出现了第一个没交数学作业的孩子，就是小洋，他引起了我的注意。他在班级里是一个存在感较低的学生，上课不主动举手回答问题，在与同学的交往中也比较内向腼腆。与孩子沟通交流后，发现原来孩子放学回家无人监管和陪同，自律性不强，所以偷懒没写作业。因为担心孩子的生命安全和家庭关爱的缺失，我邀请了其家长进行面谈。深入了解孩子的家庭情况之后，他才知道他的父母离异，他跟着爸爸生活，无奈奶奶重病住院，爸爸需要赚钱养家和支付医疗费用，没时间陪同孩子。

我明白，那些从小在充满爱的良好环境下长大的孩子，像一个自带光芒的小太阳，没办法让人不喜欢、不想亲近。他们有完整的家庭，父母是他们坚强的后盾。

但是在阳光照射不到的地方，有人正在阴影里。作为教育工作者，我应该去看到并尽我所能让光亮照射到那些在阴影中的孩子，小洋就是其中一个。若连温饱都解决不了，何来的时间和能力去丰富孩子的精神世界？我想尽我所能去多关爱孩子，与孩子一起成长。

所幸平时有向长辈请教，记录名班主任的金点子，小洋内向的性格让我想起了培训的时候学到的奖励机制和强化机制，于是我制定了一份属于我和小洋的秘密君子协议："每节课至少主动举手发言一次，每天主动和同学们交流，每天自觉完成作业。"只要每天完成协议内容，就可以换取一个笑脸，五个笑脸可以兑换一个愿望。当我看到孩子签写协议时上扬的嘴角，我就知道一切要好起来了。

第三周开始，课堂上可以看到小洋举起的小手了，虽然头还是低着看桌子，但这已经是一种进步了。与其他科任老师交流，发现他在其他课上也渐渐举手发言，小组交流讨论、体育课、课间活动等都可以看到他与其他同学交谈互动。第三周的周五下午，当小洋翻开贴了五个笑脸贴的君子协议，阳光洒在他笑成一条缝的眼睛上时，那一刻的我和孩子都是幸福的。更让我欣慰的是，小洋决定五个笑脸贴要兑换的愿望是：希望吴老师可以和他继续签订君子协议，他想继续和老师们、同学们一起互动、一起学习！

日子过得很快，当我坐在办公室感慨小洋累计的十几份君子协议时，班长突然跑到我面前说："吴老师，小洋的裤子都是便便，现在整个教室很臭。"话音一落，吓得我马上跑去教室了解情况。原来是小洋上课肚子痛，没来得及去洗手间就拉在裤子里了。让我感动的是，同学们都愿意主动帮小洋，有人帮忙报告老师，有人拖地、开风扇，同桌还帮忙收拾书包和安慰小洋……小洋换好裤子回来后，主动站上讲台向大家道谢："谢谢大家愿意帮我，愿意和我做朋友，没有嘲笑我。"看到如此勇敢大胆的小洋，我从心里知道，孩子已经成长了，不需要君子协议也可以独立学习，好好与老师同学们相处了。回到办公室，发现桌面上有一张卡片，写着："吴老师，我想好好谢谢您，因为您，我才拥有了朋友，我才不再像以前那么胆小，我爱您。您的学生——小洋"……

故事未完，小洋的成长在继续，我和学生们的教育故事也在四联小学这片土地上不断地上演。教育学生不是一朝一夕的事，是一项长期的工作。作为新时代的青年教师，我会努力汲取知识，拥有不断流动的水，就像于漪老师说的：知识会老化，知识结构须更新；学生是活泼的生命体，不是简单的"容器"！课堂里没有时代活水流淌，便不能与学生心灵碰撞，不能使学生兴奋。2019年的夏天，我会记得，有感动、有收获、有美好，也愿这些孩子有快乐、有幸福、有成长。

我与学生在一起

——浅谈师生和谐相处

深圳市龙岗区横岗街道安良小学　叶妙丽

我在学校担任班主任已有十一个年头了，每天都需要和孩子接触，和他们一起学习、生活，虽不敢言硕果累累，但至少是有进步的。每每回想起每一届学生，我都觉得班主任一职很重要。班主任不仅要引导学生的学习和行为习惯，很多时候还会与学生的思想生活联系在一起，教师的一举一动无形中影响着学生。他们的进步有赖于与教师的和谐相处。

嘉豪是我刚接手班级时最让人头疼的一个学生，他上课爱插嘴，凡是批评都不愿意接受，甚至听老师说以前和科任老师发生过激烈冲突……这一切，我看在眼里，听在耳中，记在心上。几次接触下来，我们都弄得很不愉快，我是有气不知往哪儿出，他则愈战愈勇，肆无忌惮。他还公然跑到办公室里对我说："我讨厌你，还是以前的郭老师好，我最喜欢郭老师了。"这话听得我有些怨言——学校怎么会给我这样一个班级，会给我这样一个学生。

然而，一次运动会改变了我的想法。

在那次运动会上，我第一次看到嘉豪同学竟然为了班级荣誉，在比赛中不顾划破皮的左膝，毅然地跑到了终点……那一次，我们班获得了第一，而且在颁奖典礼时，他代表班级上台领奖，那一次我分明看到了他脸上的喜悦与自豪。

说来也神奇，就这样，接下来的日子，我发现他没有像以前那样排斥我了，我诚心地找他谈了话。他告诉我，他也知道自己有犯错的时候，但他不希望老师张口就是批评，如果老师静下心来，心平气和地与自己谈话，他是会老实接受处罚的。他的一席话语仿佛惊醒梦中人，我竟然犯了如此禁忌。于是我向孩子做了检讨，还在班上进行了一次民意调查，发现绝大部分同学都有此感。我忽然间感悟到，与孩子们交往，学问是如此之大，尽管他们年龄尚小，可是他们渴望被尊重的心是和我们一样的呀！

　　还有另一个学生——小金。他是班上特别调皮的一个学生，时常打架。一次体育课后他又被体育老师带到我的面前，一把鼻涕一把泪地在那僵持着，许久了才肯说："刚开始另一个同学骂了我，我一直忍，一直忍，忍无可忍了我才动手打了他！"听完这句话，我在心里笑了，他居然会记得忍。我马上表扬了他，并说他学会了一个成语，还贯彻执行了，有很大的进步。他破涕为笑，点了点头。他说他把我平时的话听进去了，不想犯错再惹我生气！那一刻，仿佛所有的错误都可以原谅了。这一次，我没有大发雷霆，取而代之的是表扬了他做得好的地方，指出做得不够好的地方，他似乎接受了，还主动向被打的同学道歉。

　　我想，学生之所以是学生，就在于他们辨别是非的能力差，不仅容易做错事，而且改过来的错误还容易再犯，这就需要教师教给学生道理，教他们辨别是非。而老师何尝不是这样呢？我何其幸运，有这么一群愿意给我纠正错误的"老师"。

　　在他们做对事情的时候及时表扬，在他们做错事情的时候及时教育。因为大部分学生还是希望自己有一个可以说话的听众的。老师俯下身子，甚至蹲下来与学生真诚交流，学生大多数时候还是愿意张口的。面对一些闭口不说的学生，这时候就要看谁的耐力比较好了。耐心倾听学生的心里话，许多秘密就从学生的嘴里说出来了。当然，老师切记不可将听到的信息传给别的老师、学生或家长听，否则，学生就不会再与你诉说真心话了。

　　建立起和谐的师生关系，关键还是要老师有让学生信服的能耐。老师有高尚的师德，有渊博的知识，充分了解每一个学生的个性特点，也让每一个学生充分地了解自己，运用灵活的方法因材施教，学生就会信服老师，就乐意接受老师的教诲，这样老师放心施教，学生尽心学习，当然就事半功倍了。因此，教师要除去自己权威的面具，和学生进行平等的对话与交流，给学生以智慧、情感的启迪，让学生在生活中形成积极的情感体验。在我的语文课上，学生愿意畅所欲言，主题班会课上学生自主开展，这都让我和学生走得更近，从而为实现通往心灵的品德教育提供可能。

有一种胜利叫团结

——记校运会有感

深圳市龙岗区横岗街道安良小学　叶妙丽

学校一年一度的校运会开始了，因为上一届我们班得了年级第一名，加之六年级即将毕业了，所以班上的同学对这次校运会尤为看重，从选人到上场，同学们都十分认真和谨慎。

俗话说："好的开头是成功的一半。"当上午的比赛结束时，我班的学生都有点泄气了，因为我们班除了跳绳获得一点成绩外，其余项目男女生都表现得不太好。看着同学们垂头丧气的样子，作为班主任，我也急呀！于是在中午放学时我集合了全班的同学，告诉他们："上午的比赛我们已经追不回来了，下午的拔河比赛是重头戏，我们一定要团结一心，像去年一样创造辉煌。场上比赛的同学中午一定要吃饱，啦啦队的同学今天下午也要团结起来，给参赛的同学加油去。"同学们一听，顿觉士气大增，高高兴兴地答应了。

下午的拔河比赛如期而至，我带着班上的同学喊了起来："加油！2班！加油！2班！"场上的同学听到了我们的呐喊助威，都使劲往后拉，可力量之悬殊早已可见，第一回合以失败告终。

第二回合，同学们欲雪前耻，挽起手袖、扎好弓步、脚抵着脚，身体轻轻向后倾斜，准备打一个漂亮的翻身仗，不料我们还未做好准备时，哨声吹响，我班被对方拉了个人仰马翻，同学们都怨声载道："老师偏帮他们""他们班作弊"……

听着同学们的怨言，本来一肚子怨气的我却不敢吱声了，我用眼睛示意他们不要冲动，赶紧退下场。

回到教室，我惊讶地发现，班上过半数的学生都红了双眼，他们都哭了。我心里明白他们哭什么，不仅仅是输了这次比赛，更重要的是他们认为我没有为他们主持公道，他们认为这次的比赛是不公平的。可是，我还是试图抚平他们心中的那抹不愉快，我告诉他们："同学们，你们知道吗？其实友谊第一，比赛……"我话还没有说完，他们就反驳我了："比赛也是第一的！"我心里觉得他们长大了，有自己的主见了。我笑着告诉他们："其实，你们今天也赢了！"他们个个听得一头雾水，我接着说："其实，今天的你们让我看见了一个不一样的2班，我看见了你们的团结，你们一心为了班级的荣誉共进退，这样的班级还会输吗？"同学们听着我的安慰，似乎明白了一些什么。

最后，当班级领奖的时候，我们班的同学比以往的时候都要兴奋，掌声更加响亮了，笑容更加灿烂了。我想，这或许就是他们的成长吧。在这次成长中，他们懂得了——有一种胜利叫作团结。

做一个静心的"慢"老师

深圳市龙岗区横岗街道安良小学　叶妙丽

寒暑易节，时光飞逝，担任班主任工作已经有十一个年头了，虽不敢言硕果累累，但总是兢兢业业地与孩子们一同成长着：也曾笑过，哭过，努力过，失败过……然后，我逐渐发现：老师是学生学习和模仿的榜样，只有我们静下心来，慢慢地说、慢慢地教、慢慢地做，学生才可能听下去；也只有学生静下心来，我们才能收获学生的成长与进步。

教育是慢的艺术。它向我们描绘了一幅教育的理想图景：老师慢慢地教，学生慢慢地学，生命按照其自有的规律慢慢成长。

一、放慢脚步，静心等待

我担任过一年级的班主任，因为自己也养育孩子，所以我深知一年级的孩子天真烂漫，让人欢喜；可他们也活泼好动，出人意料，让人头疼。他们不像之前所教的年级一样让人放心。尤其是开学初的无秩序、乱走动、不适应学校的作息时间等状态，让我应接不暇、无从应付。一年级学生带来的更多的是幼儿园的行为习惯：爱说、好动、做事情不打招呼……种种问题不断发生。工作琐碎，从上班到下班，学生的问题总是让我无时无刻不在"作战"状态，深深的挫败感萦绕全身。我甚至怀疑自己——这个班交给我，我真的能管理好吗？一次偶然的机会，在跟一位老前辈的沟通交流中，我豁然开朗了——

"你要放慢自己的脚步,让学生慢慢地跟上来,调整自己的心态,这样你的工作才可能事半功倍。"老教师说。

于是,我停下了语文教学任务,用一节又一节的宝贵课堂时间,对孩子进行坐、立、走、排队、文明礼貌、上课纪律、课间秩序、课前准备、走廊安全、教室保洁等方面的常规教育,促使其讲规矩,我自己也做好他们的表率,紧紧抓住"第一次",使他们印象深刻。

慢慢地,我发现学生"静"下来了,真的慢慢跟上我的步伐了。有了这样的认知后,我发现自己变得快乐了,学生也快乐了。

所以,我愿意做一个"慢"老师,等待孩子们的步伐慢慢地跟上来。

二、感恩教育,静心倾听

感恩教育的培养,能让班主任事务事半功倍。

在与学生不断交流的过程中,我发现很多学生上学、放学都是由接送的父母、爷爷奶奶替他们拿书包,甚至有些学生对长辈出言不逊。所以,从第二个星期开始,我就教育学生,他们现在是小学生了,要尊敬自己的老师和团结同学,懂得老师为他们的付出,珍惜同学间的友谊;在家里要敬重父母和长辈,明白父母的期望和苦恼。

尤其在家长会前,我让每个学生在写话本上写下自己最想对家人说的话。家长们看后都纷纷感慨自己的孩子长大了。一位学生家长这样说:"这是我第一次感觉女儿长大了。"第二天上学,学生个个都快快乐乐地走进教室,告诉我家长表扬了自己的进步,我笑了。我想,感恩的教育才刚刚开始。

接下来,我乘胜追击,告诉他们上学、放学的时候要做自己力所能及的事情,从自己背书包,体恤家长开始。慢慢地,班上的学生能够自己做好自己的事情,并能在班上帮老师做一些小事,主动清理教室公共场地的垃圾,帮助班上需要帮助的同学,由此也形成了良好的班风。

感恩教育的开展,慢慢地让我看见了孩子们不一样的一面,尽管有些孩子平时的某些表现还是会让人失望,但从感恩教育这方面来看,学生能慢慢地学会尊重别人,认真倾听。

三、珍惜时间，静心努力

静下心来的孩子，你会发现他们各方面都努力朝前发展。

作为班主任，早晨我总会第一个到教室开门、开窗，等待孩子们走进教室，然后告诉他们新的一天又开始了，先想想自己今天要干什么，至少收获什么。慢慢地，几个平时早到的学生，他们学会了一到学校就打扫教室；几个动作比较拖拉的学生，他们也逐渐学会了一到教室就打开课本读书……学生一有进步我就在教室里表扬，学生得到表扬后快乐的笑容让我至今难忘。慢慢地，这样的学生也多了起来，你会在教室的每一个角落里看到学生的成长。我想，老师静下心来慢慢地等待，等待学生慢慢改正不足、静心努力，学生一定会不断进步的。

在平时的教育中，我尽量避免以罚代教的方式，尽可能用明白的事实、浅显的道理让学生知道怎么做人、怎么做事。最主要的是我尽可能让学生明白：我所做的一切都是为他们好。只有学生明白了老师的苦心和对他们的付出，他们才会接受。每节课下课，我都拿一本小说或一份报刊坐在讲台上安静地阅读，或者与学生聊聊最近看到的有趣的情节，时间久了，在课间追逐打闹的学生也少了，这便是"身教"比"言传"来得直接而有效的体现。

小学是学生养成习惯的重要阶段，这个阶段的学生接受能力很强，学习和模仿能力也很强。情感是感染学生的灵丹妙药。如果你急躁地想要学生达到你现在就想让其达到的高度，这是很难实现的。作为班主任，我们只能放慢自己的脚步，让学生在适应中成长起来。只有班主任带着热爱学生的情感去与学生对话，把学生真正当作有情感的个体去对待，这种富有情感的教育，才会在无形中激发学生向上的积极性，打开学生的心扉。

在人们的记忆中，教师的传统印象就是慢。说话、做事经常是慢悠悠的，不着急、不上火，踱着方步，摇头晃脑，满口"子曰""诗云"，一副悠然自得的样子。慢性子、没脾气。谁说这不是一种更好的教育呢！

静待花开，我愿意做一个慢慢地说、慢慢地教、慢慢地做的"慢"老师。

100分的故事

深圳市龙岗区横岗街道四联小学　聂健平

桂贤娣老师曾说，"我常常问自己：我爱我的学生吗？我"会"爱我的学生吗？我的学生能感受到我的爱吗？"

我也一直在实践着桂贤娣老师带给我的启示，今年是我做班主任的第二个年头，在这里我遇见了他，故事里的主人公——小可乐。

小可乐是一个二年级的小男孩，第一眼看上去，非常小巧可爱，一开始我还以为他是隔壁幼儿园的，跟着妈妈来送哥哥或姐姐上学的。小可乐的妈妈告诉我，孩子比较好动，有点特殊，身心发育比同龄人要晚一些。通过几天的相处和观察，孩子确实非常好动，作业完成情况也不是很理想，这让我头痛了好一段时间。于是，我尝试着对小可乐进行严格要求，采取强硬策略，但收到的效果甚微，还引起了他强烈的反抗。他不仅不听讲，甚至偶尔还发出怪异的声音，向我发起挑战，每次下课看见我，都躲得远远的。

在这之后，我决定改变策略，通过一段时间的深入观察和了解，我发现他英语很棒，还经常考100分，也特别喜欢英语老师。这让我又惊又喜，瞬间改变了我对他的看法，我想他跟爱因斯坦小时候一样，是个另类的"天才"。我想我得提高我在他心中的地位才行。于是我决定拍他的小马屁，不管考得怎么样，每次都给他100分，在他原有分数的基础上写上"+××分=100分"，后面注明行为习惯努力分。而且在每次考试总结颁奖的时候，我特意提高嗓门说："我们班有一个孩子进步特别大，他这次考了100分，他是谁呢？"当我念出"小可乐"这三个字时，瞬间打破了教室的宁静，同学们都发出了惊叹的声音，同时给予了热烈的掌声。此刻，我正不动声色地偷偷观察着，小可乐特别惊讶地张开了口，转而又露出了一丝腼腆的微笑。

也许他在数学方面从未有过成功的感受，因为后来从他妈妈口中得知，孩子从一年级一入学，数学试卷永远都是没有分数的，因为分数实在太少，老师怕伤害到孩子幼小的心灵。我想孩子内心一直都期待着数学成绩能有一个分数，哪怕只有几分，而现在面对这突如其来的分数，而且还是100分，孩子被震惊了，幸福来得如此突然。

就这样，一学期下来，从最开始的乱动、不听课到慢慢地尝试参与课堂，虽然他的实际分数依然在班级靠后，但距离100分却越来越近，甚至有一次因为生病请假在家，他依然坚持在家自觉考试，在妈妈的读题指导下，孩子真的考到了100分。

在那之后，每次下课，他总是围绕着我，不再像以前一样看见我躲得远远的，每次有什么新发现都乐意跟我分享："聂老师，我跟你说……""聂老师、聂老师……"聂老师好像无处不在，聂老师仿佛已经住在了孩子的心里。

此刻的我心里是美滋滋的，我想我的教育成功了。每当孩子有进步时，我会找孩子一起庆祝，聊聊天，唱唱歌，我会唱着跟他说："给我一个拥抱，可以不可以"，孩子很开心地给了我一个拥抱。就这样，我和孩子开启了我们愉快的校园生活之旅。

100分不是目标，只是一个期望，根据罗森塔尔效应，我们知道，当我们给予孩子一个期望，我们相信孩子，提供轻松快乐的环境，一直鼓励着孩子，孩子可能会还你一个奇迹。小可乐的路还很长，虽然发育比同龄人晚一些，但我相信，小可乐在以后的成长经历中，终会收获属于他人生的"100分"。

故事讲到这里，我想说的是，在这个过程中，与其说是我教育了他，给了他一次机会，倒不如说是他成全了我，给了我一次学习的机会，让我不断思考着前行，做一个有温度、有智慧的教育者。

爱生必须用真情，情真方能育良才

深圳市龙岗区坂田实验学校　郑　逢

习近平总书记提出的"四有好老师"其中一条就是要有仁爱之心。作为一名班主任，我一直认为这是最基本的要求。"爱是教育的灵魂，没有爱就没有教育。""谁爱孩子，孩子就爱谁。只有爱孩子的人，他才可以教育孩子。""只有爱才是最好的教师，它远远超过责任感。"许许多多的教育名言都提醒着我们，我们应成为一个有爱的老师，爱是教育的灵魂，唯有爱才能走进学生的内心深处，唯有爱才能更好地发挥教育的力量。

一、案例阐述

自毕业以来，我一直担任班主任，虽说已有好几年的工作经验，但是在接手这个班的时候，我的内心仍有些惴惴不安。因为在其他老师的介绍下，我对这个班的基本情况已有初步的了解。这个班的问题着实不少，例如，班上有个多动症并伴有自闭症的孩子，需要有人时时看管；班上的家长因为之前某些事情关系闹得比较僵，对于班级、学校的事情不上心，导致班级氛围不融洽；有些孩子比较调皮，学习积极性不高，家长不配合……这些问题对我来说是一个个巨大的挑战。晚上睡觉前，我绞尽脑汁地想着如何让这个班级成为一个积极的班集体，一个融洽的班集体。经过一段时间的磨合，班上的情况逐渐好转。在我那颗悬在半空的心慢慢着地时，一颗沉寂许久的定时炸弹却开始了倒计时——班上的小谢同学，突然开始情绪不稳定了。

　　小谢是个安静、内向的帅小伙。第一次见到他时，他独坐在角落，我走过去跟他聊了几句，他不敢正视我，就盯着自己带来的课外书看。在上第一节语文课时，同学们都在激烈地讨论着问题，只有他看着语文书，也不跟小组成员讨论。我走过去，说道："咦，你的字写得好漂亮呀！是不是经常练字呢？"只见他抬头对我笑了笑，我接着说道："是不是对老师提出的问题不感兴趣，所以不参与讨论呀？"当我说完这句话时，他脸上的笑容消失了。这让我感觉自己说错话了。

　　我回到办公室后，立即向其他老师了解了他的相关情况。"他很不听话的。""之前他犯错误，班主任找他家长，他家长完全不理老师的。""他以前经常来办公室的，老师跟他说什么，他也不听。"其他老师对小谢的负面评价可不少。可是小谢看起来并不像他们说的那样啊，于是我打算每天都找他聊聊。一个星期后，班上换了座位，我把小谢的座位调到了第一排，就在讲台下。那天晚上，我就接到了小谢妈妈的电话："老师，我真的没有想到会有老师如此关心我的儿子。他这几天放学回来都跟我说新来的老师真的很好，会找他聊天，今天还把他的座位调到了第一排，真的很感谢您，这么关心我的儿子。"当时我还感觉有点懵，心想：我也没有做什么特别的事情呀，只是尽可能地关心班上的每一位学生。我与小谢同学、小谢家长的联系越来越密切，小谢也比之前活跃了一些，就这样平稳地度过了一个月……

　　一个月后的某一天，英语老师上完课回到办公室，气冲冲地说："那个小谢，原本以为他变好了呢！没想到还是那样，上着课就与同学闹矛盾了，还推翻了课桌！"我安抚了英语老师之后，就去到教室找小谢，只见他憋红了脸，坐在椅子上，桌子倒在地上，其他人都不敢靠近。我走过去摸了摸他的头，问道："小谢呀，有没有受伤呢？你帮老师一起把桌子摆好，好不好呀？"他看了看我，就跟我一起把桌子摆好了。我接着说道："谢谢你的帮助，现在你去办公室帮老师拿点东西到教室来，好吗？"我们一起去到办公室后，我就跟他聊了下英语课上的一些事情，他慢慢地开口说："老师，班上的同学都不喜欢我，我也不喜欢他们，他们总是骂我，除了您，其他老师也不喜欢我，我不想在这里上学了……"我抱了抱他，说："换了学校老师就见不到你了，如果同学们真的总是骂你，那老师要去问问他们骂你什么，帮你主持公道，好不好？"就这样，我稳定了小谢的情绪，让他先回教室。

后来，我先找英语老师了解情况，得知因为小谢上课坐不住，突然间站起来了，于是英语老师就批评他不认真听课。其他同学的目光都投射在他身上，他就突然情绪爆发，推翻了桌子。当我与其他同学聊起小谢时，他们都说："以前他也经常这样的，上课突然站起来，老师批评他，他就不听课了。""感觉他好凶呀，不敢跟他一起玩。"只有一位女同学说："我跟他住在一个小区，我觉得他挺好的呀，他也很喜欢跟其他小朋友玩。"这时候我想：在这件事上，我们会不会错怪他了？

我又向他的家长做了进一步的了解。我了解到小谢之所以会在上课的时候突然站起来，是因为他经常感觉大腿很酸痛，想站起来活动活动。我督促家长送他去医院检查，发现是长个子产生的生理现象。小谢在之前因注意力不集中、上课突然站起来而被老师批评，所以觉得老师们都不喜欢他。同学们经常看着他笑，他觉得那是在嘲笑他，所以他才会以大声吼叫、推翻桌子的方式来发泄。家长之前拒绝与老师沟通，也是因为前任班主任与他们联系时都是在批评小谢，其他家长也总是说小谢给班级带来了许多不良影响。

当我了解完这些情况之后，我又开始调整我的对策。

首先，我借助班集体的力量，让他融入其中。我在班上召开了一次"夸夸你，夸夸我"的主题班会，让同学们找他人身上的优点，互相夸一夸。这个过程中，小谢收到了几位同学的赞语："你是一个喜欢看书的同学，经常看你看不一样的课外书，你真是阅读小达人。""小谢你跑步好快啊！跳绳也厉害！难怪你长那么高！""你是一个有爱心的人，谢谢你之前帮我抬椅子！"当他看这些纸条的时候，他真的很开心，嘴角都不自觉上扬了！在召开运动会时，我让小谢也报一个项目。果然，在跑步的赛场上，同学们都为他加油鼓劲！当然，他也取得了很不错的成绩，开心地跟同学们欢呼着。在语文课上，我还会让他分享一些他看过的课外书，他越讲越自信。

然后，我借助家长的支持，消除他心中的隔阂。小谢上课注意力不集中，情绪波动大，我们就要了解这当中的原因是什么，是不喜欢老师？或是对学习内容不感兴趣？还是身体缺了哪些元素？在校时与小谢聊天，发现他的求知欲还是挺强的，对于老师，也只有在批评他的时候不喜欢而已。所以我就建议小谢的家长带他到儿童医院做一些专业的检查。结果发现，小谢有轻微感觉统合失调。小谢的家长也很是配合，几乎每天都向我了解小谢在学校的事情，跟我分享他在家的表现，还有周末时，去机构做了哪些感觉统合训练。

最后，我借助科任老师的配合，加速他的进步。我将小谢的情况向科任老师说明之后，科任老师也改变了对小谢的态度，当他做出一些出格的行为时，不再是一味地批评，更多的是耐心地指导。小谢的上课积极性更高了，老师们对他的称赞也越来越多了。

经过多方努力，小谢的情况越来越好了，他不再是那个沉默寡言、情绪易波动的小男孩了。课间总能听见他与同学们玩耍时的欢声笑语；上课时也能看到他积极回答问题的小手；上学、放学时，也能看到他向老师们礼貌问好。还有，小谢家长也不再是他人口中拒绝配合的家长了……

二、案例分析

1. 全面了解学生是教育的基础

当我们新接手一个班级时，应通过各种途径了解班上的学生，如书面材料分析法、观察法、谈话法、调查法等，这才有利于我们接下来的班级教育。只有对学生有一定的了解，我们在教育的过程中才能更有针对性、有效性。只有对学生有足够的了解，我们才能走进学生的内心深处，让学生"亲其师，信其道"，我们的教育才能起到事半功倍的效果。

2. 了解学生还需走进学生的内心深处

在许多老师看来，教师都是受过专业训练的，想要了解学生不是一件很难的事情，只要相处一段时间，就能够了解整个班级学生的基本情况。这种想法看似没有错，但是这种了解仅仅是停留在表面上的了解。德国哲学家莱布尼茨说过："世界上没有完全相同的两片树叶。"而每个学生更是一个个独立的个体，他们的气质禀赋、性格爱好、生活习惯等都不一样，我们不能用单一的方法去了解学生。例如性格内向的学生，他们不会主动地说出自己的想法。所以在与他们沟通的时候，应该用亲切的语气、温柔的态度引导他们说出自己的想法。当他们在表达自己的内心世界时，我们在倾听的同时，也应以他们为中心，肯定他们所想表达的内容。唯有这样，他们才会逐渐打开自己的心扉，愿意让我们走进他们的内心世界，我们才能够真正地了解他们。

3. 走进学生的内心深处，需要我们倾注足够的爱

沟通是走进学生内心深处的重要手段，但沟通的过程中，需要我们以诚恳的态度、真诚的心，让学生们感受到我们的爱。当他们获得成功时，不要吝惜我们的赞语，大方地表达出老师看到他们的成功，是真心地为他们骄傲。当他们遇到挫折时，不要急于传授他们成功的秘诀，而是以安慰的话语、温和的眼神，让他们感受到老师一直在他们身边，并让他们感受到偶尔的失败并不算什么，而且，当他们需要时，老师可以作为依靠。用心沟通，用爱浇灌，我们才能走进学生的内心世界，才能真正地了解学生内心所需，才能真正地成为学生的良师益友，才能让他们在成长的道路上更无所畏惧。因为，在爱中成长的孩子都会更有自信！

"路漫漫其修远兮，吾将上下而求索。"教育的道路是漫长的，我们还会遇到各种各样的学生，教育的方法也有很多，需要我们不断地探索、改进。但是，唯有"爱"的教育是不变的。爱生必须用真情，情真方能育良才。

大胆说出你的爱

深圳市龙岗区横岗街道四联小学　郭　蕾

现在带小学高年级的老师，总是不能回避的一个问题，那就是"早恋""喜欢"与"爱"的话题。孩子们还处在青春懵懂期，对于爱与喜欢还处在傻傻分不清的阶段。如遇到这样的问题，你们会如何解决呢？下面我来分享一个我的故事。

一次课间活动时，有个孩子委屈地来告状："小俊说，我喜欢小清。"我发现最近班上好像总有这样的话题出现，为此我特意设计了一节有针对性的班会课。

班会课第一个问题是："班上总有人说喜欢和爱，你们真的懂喜欢和爱的意义吗？"当时就有几个孩子在那偷偷地笑起来。对于这个神秘的话题，他们既想窥探，又不好意思去面对。

接下来，我找到了"罪魁祸首"温同学，我问他："你最喜欢谁？"他很机智地回答我："我喜欢我妈妈。"教室里顿时哄堂大笑。我马上追问："那你为什么喜欢妈妈？"他说："因为我的妈妈，每天辛苦地工作，为我们无私地付出，不求回报。""是的，母爱是伟大的。"我马上接话，孩子们都不笑了。

我继续问："小清，你喜欢谁？"小清说："我喜欢郭老师，郭老师就像我的妈妈，虽然有时很凶，但都是为我们好。"我很激动地说："有人喜欢我，我很开心，谢谢你。来，小清到老师这里来。"我搂着小清说："我也喜欢小清。"然后又对全班同学说："看，她在我们班成绩名列前茅，唱歌又好听，长得又漂亮，尤其是笑起来，那两个深深的酒窝特别迷人。你们喜欢她吗？""喜欢。"孩子们一边说，一边用力地点着头，表示赞同。

我顺势又提了个问题："现在请说出你喜欢的同学，并要说出为什么。"刚刚安静的课堂有点小沸腾了。孩子们很快举起了手，他们都能说出自己好朋友的名字和原因。"她在学习上总是帮助我。""我们住在同一个小区，每天在一起玩，很快乐。"等等。述说的时候同学们很开心，被点到名的同学也很兴奋。

我乘胜追击："看来老师的问题太简单了，现在问题难度提升，说出你喜欢的一个异性同学，并说出原因。"原本沸腾着的课堂顿时又安静了下来，大家都面露难色。我接着说："谁能大胆地站起来，说出对方的名字，说明你思想中的喜欢是单纯的、纯洁的，就像喜欢你的爸爸妈妈、兄弟姐妹一样正常。假如你心里有喜欢的朋友，却不敢站起来说，就说明你的思想复杂化了。"

在我的引导下，终于有一个平时比较大胆的女孩子站了起来，她说："我喜欢小宇，因为他喜欢看课外书，他懂的东西很多。"听到她的述说，我立刻鼓励道："我们把掌声送给小静，她是一个勇敢而诚实的孩子，喜欢就大胆说出来。"我转身问小宇："有人喜欢你，你开心不？"他面带羞涩，微低着脑袋说："开心，开心。"我又引导他："既然有人说喜欢你，你也应该真诚地谢谢她。"小宇立刻起身转过头向小静鞠了一躬，说："谢谢你。"我接着说："好，那就让小宇继续说出你喜欢的异性同学。"就这样，原本有点尴尬的局面被打开了。孩子们一个接着一个说了下去，一节愉快的班会课就在大家的讨论中度过了。

课后小静写了一篇日记，还被刊登在我们四联小学的校报上。其中一段，她写道：这节课可真是有趣，不仅排除了同学们对"喜欢"两个字的误会，还训练了我们的诚实和大胆。"喜欢"这个词是多么美妙啊！让我们把它用来称赞和鼓励别人吧。这节课后，班上再也没有出现过这类的问题。新学期排班级座位时，我也优先让说出喜欢对方的同学成为一桌。

"大个子"阳阳

深圳市龙岗区横岗街道四联小学　赖江晓

2017年9月1日，新学期第一天。我怀着既忐忑又期待的心情来到我新任班级的教室门口，在四联小学任教7年，初次担任一年级的班主任。

站在门口，我先用眼神扫视了一遍端坐在教室里的孩子们。一个个白白嫩嫩，天真烂漫，朝气蓬勃，真是可爱极了！突然，最后一排有个男生引起了我的注意。

"哎，这位同学你怎么还不坐下？快坐下！"我向他做了个手势，示意他坐下。

"老师，我已经坐了，不过，这个凳子有点儿高。"他憨憨地笑着回答。

"是吗？老师看看。"我半信半疑地走过去，想探个究竟。哇，这凳子有点儿高是事实，但这孩子长得也太高了吧，赶上二、三年级的娃娃了。

此时，我看着他，脑子里蹦出了一个想法：这孩子当班长应该不错，最起码小个子的同学被他一唬应该就会乖乖听话了。有了他的助力，我这班主任当得也会轻松些。对，我就这样认识了他。

他叫阳阳，身高145厘米，性格稳重，将老师说的话奉为"圣旨"，强壮的身体里藏着一颗柔软的心，爱运动，也爱看电视。

开学第一周，我就让他帮忙管理课间跑步、小课迟到的同学。一听说自己是班长候选人，小伙子开心了许久。可是不到两天，他妈妈就主动打电话来咨询情况："老师，请问孩子这两天在学校发生了什么事情吗？"我心想，一年级的孩子出现情绪不对，难道被高年级欺负了？忙问："怎么回事儿？"阳阳妈答："孩子说，不想上学。"孩子怎么会不愿意上学呢？班长这个职务都准备给他了，还有什么理由不欢喜呢？电话里没有问出什么结果。

于是，我第一时间去家访。孩子对我的到来很是惊讶，也很欣喜。在与他沟通的过程中，我了解到了他不愿上学的忧虑。原来，因为他个子高大，不善言谈，班上很多同学都不敢主动与之交流，再加上这两天帮着管理班级，不太会说话的他对同学批评过多，导致部分孩子对他产生了不满。

这可怎么办？本来是想利用他的长处，发展他的个人能力，没想到适得其反。我尽量安慰他，同时拼命想办法补救这样的一个同学关系。刚好，他妈妈说，明天就是他7周岁生日。我想，这倒是一个很好的机会。于是建议将他的生日会移到班上举行。他妈妈很配合地答应了，并且在生日会那天前前后后操办了很多。

孩子就是孩子，一听说要在班上举办生日宴，就开心地答应上学了。第二天生日宴上，他收到了很多同学的祝福。于是，他的心结打开，与孩子们玩得很开心。

当然，后来我没有再让他当班长，也不用再管纪律，所以，他和同学们的关系一直都非常好。为了照顾他的心情，我让他当了个副班长，管管日常的课程表、图书、花草。他倒是管得很到位，也很开心。

12月，学校举行体育节。因为他高大又有体力，我想让他在体育节开幕会上举班牌，走在班级队伍最前面，提升一下他的自信。可是在训练的过程中，我发现就是因为他太高，走的步子总是比别人快，后面的孩子跟不上。结果训练了两天后，我果断将他换掉。

可是内心脆弱的他，我要如何说服他呢？这又是一个考验智慧的难题。在与他妈妈的沟通中我了解到，他经常在家进行体能训练，比如平板支撑，周末还会去上篮球专业课。于是，我把他叫过来跟他说："老师有件很重要的事情要你去做。你看，你腿那么长，又很会打篮球，跑步应该很快吧！"他很骄傲地回答道："我妈妈都跑不过我。""是啊！所以，老师想让你保存体力，等一下在50米接力中跑第一棒，为我们班争第一，好不好？现在，你不用举班牌了，把班牌给别人举一会儿吧。"他一听，开心地答应了！看到他乐开了花，我长舒一口气，真是机智如我呀！

　　故事到这里就结束了吗？并没有。第二年4月，架子鼓队招收新队员。我们班前前后后报了好几个同学。他有点心痒痒，跑来跟我说："老师，我可不可以报名参加架子鼓呀？"我看了一下他，很坚定地说："你的力气是足够大，但是我担心你腿太长，坐在凳子上撅着不好受。"

　　"老师觉得你一定会是一个很出色的篮球队员。我在等，等到了9月份，你们升二年级了，我去帮你报名篮球队，怎么样？"他听完后用力地点了点头："好！"但表情还是很期盼的样子，说："但我还是想去试一下。"

　　我拍了拍他的肩膀，增大音量告诉他："你就是未来的姚明！"

　　"哈哈，姚明，我是姚明！"羞涩中透着一种期待的他，就这样跑开了。后来，再也没来问我架子鼓的事情了！

　　转眼间，他升入三年级了，我没有继续担任他们班的班主任。但每次在校园内见到他，他都是在100米开外就大声叫我："赖老师，赖老师，我们好想你！"此时，我是如此享受着这个大个子对我的撒娇。

等待也是金

深圳市龙岗区吉华街道怡翠实验学校　尹爱华

坤坤聪明，但性格特别，十分让人担忧。他的特别表现在课堂内外，更多的时候是在课堂，他全身心地玩他的玩意儿，从来不把老师放在眼里，课堂作业也经常拖后腿。最让人担忧的是他不善与同学交往，一旦受到委屈，就容易冲动，大发脾气，甚至做出些让人意想不到的事情。例如，有一次他在课间突然出现号啕大哭的声音，把校长都惊动了，结果他是恶作剧。又有一次在课堂上，他在发呆，被我点了名，他就瘫坐在地上，一动不动，任你说什么他也不理人，只是两眼恶狠狠地看着。在班里，他经常欺负同学，所以他没有伙伴，没有友情，在班级里处于孤立状态，他一点也不快乐！

我在这个孩子身上真的用了很多心思，但效果都不太明显，有时看到他那个样子，真是让人感到担忧。直到有一天，一件小事让我找到了与他沟通的方式。

课间，我聚精会神地在办公室备课，一声"报告"打断了我的思绪，我一看是坤坤，他急匆匆地对我说："小鸣捉了一条虫子，放在盒子里。"我看他一副非常担心的样子，心生好奇。我问道："那你为什么如此着急？"他说："虫子妈妈找不到小虫子，一定会很着急的！"我非常认真地对待了这件事，还专门为此开了一次主题班会，告诉孩子们应该爱护小动物。我也趁机大大地表扬了坤坤的爱心之举！从此，同学们对他也改变了看法。后来，我对坤坤说，只要他有心事或是什么心里话，我特许他可以随时进我办公室找我聊天。有一次他还对我说道："老师，我以前表现不好，是因为你一直都没有发现我认真听课的样子，但我一不认真就被你发现了，还批评我，所以我才更不喜欢听课！"我对他的话感到很吃惊，虽然我知道他说的话并不是完全属实，但他内心渴望得到老师关注的心情溢于言表。从此，我经常在上课的时候表扬他，大大地表明他在我心目中的位置是很高的！慢慢地，他上课认真多了，经常眨眨眼，表示他想得到我的表扬，非常可爱，学习成绩也比以前有明显的提高。

这件事给我的启示颇深，每一个孩子在家中都是备受关注的，但是由于性格上的差异，在集体中他们显得很不突出，不显山不露水，很不起眼。他们的沉默寡言，使人经常遗忘他们的存在，他们的极端表现或许是为了引起更多的关注。因为他们的内心更渴望得到老师的关注与赞赏，在他们身上同样蕴藏着无穷的力量。同时从坤坤身上我看到了育人的艰巨性。对待这种问题生，首先，要学会忍耐。对一个学生而言，很可能同一问题在他身上就会反复多次，你花费很多精力和口舌，仍毫无效果。这时候，你不要生气，若生气则是拿学生的错误惩罚自己，是无奈和无能的表现，要修炼忍得住的品质。其次，要学会包容。学生毕竟是未成年人，一切都处在发展和完善阶段。当他犯错时，我们要理智地看待和处理，谁能一点小毛病都没有呢？重点是要看到这个孩子对待错误的态度和进步。最后，我们不能用一把尺子去丈量所有学生，一把钥匙开一把锁，要懂得因材施教。坚持跟踪，反复抓，抓反复，坚持不懈！

虽然坤坤目前还有许多不尽如人意的地方，但我认为教育需要一个漫长的过程。有人说，沉默是金。依我看，教育孩子需要等待，等待也是金！

丢掉埋怨，拾回信任

深圳市龙岗区坂田实验学校　郑　逢

曾经看过冯巩的一部电影《别拿自己不当干部》，里面讲述的是一个工厂的小工长王喜恪尽职守、兢兢业业的故事。我一直在想，我们在班级管理中能否也培养一批像王喜一样的"小工长"，让他们在学习之余得到锻炼、获得成长，让他们成为我们在班级管理中的得力助手呢？

星期一的升旗仪式上，学校德育处主任公布了文明班级评比结果：我班仍然没评上文明班。我一听十分恼火，回班后把班干部批评了一顿，说他们工作不积极、不主动，老师不催就不会主动做好工作，辜负了老师的信任，还说要换掉几个不负责任的班干部。

我自认为自己的批评有理有力，肯定使他们低头认错。谁承想，一位我平时最器重的班干部竟然脱口而出："老是挨批评，不当就不当，有什么了不起的！"

我惊讶地问道："为什么这样说？""因为您老爱批评我们，我们也希望夺得流动红旗，但有些同学就是不服管，我们也没有办法，您批评我们，我们也很委屈啊！"那位班干部小声而镇定地说。我顿时语塞了，天哪！这就是我的优秀学生，我一直认为最好的学生！居然说出这样的话来。

我的眼睛盯着她，心存侥幸地希望她能承认她说错了，然而我的希望落空了。这位班干部在椅子上若无其事地坐着，对自己说过的话丝毫没有抱歉的意思。面对她的勇敢和真实，我真切地感受到了自己的虚伪和慌张。

　　我意识到我这时也许应该好好听听班干部们的意见，于是，我冷静地问："那么，大家对管理班级有什么意见？请说说吧。"大家看我没有追究这件事，都松了一口气，接着便为管理好班级纷纷献计策。看到班干部们为了班级争先恐后地出谋划策，我也为自己刚才的冷静而欣慰。若是我刚才死死盯住这位班干部的回答，我想会很尴尬。一想起这一点，我的心情久久不能平静。

　　其实，没有哪个学生天生就是当班干部的料，其成长主要靠我们的雕琢与培训。在班干部队伍的建设中，我们应做到：

　　1. 给班干部定位

　　班干部是一种荣耀，树立班干部的自豪感；班干部是一种责任，培养班干部的责任心；班干部是一种奉献，杜绝班干部徇私；班干部是榜样，树立班干部在同学心目中的威信；班干部是一种锻炼，鼓励班干部积极地、创造性地开展工作。

　　2. 当好参谋，该放手时就放手

　　对于班干部的培训，花时间手把手地教他们，先是牵着走，再扶着走，然后放开让其自己走，最后我们跟着走，鼓励其大胆地往前走。

　　3. 做一个好观众，做一把保护伞

　　做一个好观众，欣赏他们的一举一动，用十分重视的态度对待他们的信息反馈，保护他们的积极性，坚决杜绝其他同学的冷嘲热讽与恶意中伤。

　　4. 放手发动学生，壮大班干部队伍

　　在班中形成管理的"面"，力争做到人人有事做，事事有人管，人人都是班干部。

　　5.表扬，适当地表扬

　　对于班干部的工作，不吝啬溢美之词，让班干部之间形成良性竞争，比学习、比工作、比进步。

　　6. 明确责任，分好"责任田"

　　组织早读、提醒课前准备与组织读书、课后反馈课堂情况的是"课代表"；作业完成情况的检查由"小组长""大组长""课代表""学习委员"四级学生负责；负责大课间活动与眼保健操的是"体育委员"；文娱委员负责每日一歌；宣传委员负责墙报；劳动委员负责卫生大扫除；等等。其他生活时间，课间十分钟有人巡查纪律，功能课有多人负责列队纪律，学生课桌内与柜子的整洁美观、个人仪容仪表、学习资料与笔记整理实行每周例查制度。每天班长准时将每个班干部的反馈情况进行总结通报，副班长负责对每天的德育量化进行更新公布。专人专项，确保每个时段、每个细节都有有效监督。

我们的精力是有限的，但是学生的力量是巨大的，让我们放手发动学生，调动他们的积极性，为班级管理注入新的源泉。

照片风波

深圳市龙岗区横岗街道四联小学　郭　蕾

"微笑行动"班级文化墙终于布置好了，看着照片上孩子们那一张张稚嫩的笑脸，一双双炯炯有神的眼睛，是那么天真烂漫、活泼可爱……总会让人觉得生命这般美好，未来如此可期！

然而，好景不长！不知哪个调皮捣蛋的"家伙"，竟然把文化墙上的两张照片弄得面目全非了……全体师生的劳动成果竟然遭受如此"虐待"，我心里怒不可遏！抓到是谁干的，绝对严加惩处。

经过调查了解，果然是班上那两个调皮的孩子干的"好事"。上班会课时，他俩耷拉着脑袋，似乎在等待着我暴风骤雨般的批评……谁知，我一如既往地组织同学们上课，根本没有提照片被弄烂的事，那两个小家伙也丈二和尚摸不着头，但瞬间又觉得若无其事。课间，我表扬了他们俩上班会课很认真，并给他们每个人拍了一张富有个性的照片，接着我把照片打印出来，在照片上动了些"手脚"，用彩色笔在鼻子、眼睛处涂了几笔。

犯错不要紧，关键是要让孩子认识错误、改正错误！一切准备就绪，猛烈的进攻开始了。该来的终究会来，正当他们放松警惕的时候，我下令了，让他们来办公室见我，他们怀着忐忑不安的心情来到办公室。首先，两个小家伙各自陈述了自己破坏照片的缘由：小森觉得小桃的那两颗门牙太丑了，跟全班同学的照片贴在一起，有损"班容"，所以就把小桃的照片"咔嚓"了……小桃也不甘示弱，他觉得小森眼睛不漂亮，更加"残忍"，直接在小森的照片上把他的眼部戳了两个洞，旁边同学的照片也惨遭"毁容"。接着，我拿出他们的两张照片，让他俩慢慢"欣赏"，然后告诉我他们有什么感想。他俩看到照片上自己面目全非的模样，想笑又不敢笑出声来，面红耳赤，面面相觑。然后，我叫他俩大声朗读《落花生》和《跨越百年的美丽》，再问他俩："知道什么才是真正的美丽了吗？美丽不在于容貌，不在于外表，而在于心灵，在于人格。"最后，两个孩子握手言和，相互认错。

我帮他们重新拍下了最灿烂的笑容，夕阳下，两个忙碌的身影，在落日余晖的映照里显得更加天真烂漫！

照片风波就这样平息了，从此以后，还时不时看到同学更新自己面带微笑的照片。

给孩子倾诉的机会

深圳市龙岗区吉华街道怡翠实验学校　尹爱华

教学八九年，有幸在一段日子里担任一个"特别"班级的班主任兼语文老师。"特别"是因为这个班级在不到两年的时间内换了六个班主任，以致班里出现了不少"特别"的学生，有的无心学习，从不主动完成作业；有的无视纪律，课堂内外随心所欲；有的傲慢无礼，与老师、同学发生冲突……涣散、躁动成为任课老师对这个班的共同评价。

然而，有一个男生涵涵与众不同，引起了我的注意。这个孩子很瘦弱、很敏感，眼睛里经常透着忧郁和伤感，他很少和同学嬉笑玩闹，也很不情愿参加集体活动，即使参加也是郁郁寡欢的。课间，常看见他站在教室走廊的一头，与同学保持一定的距离，两手插在裤兜里呆呆地看着远方；课堂上发现他的眼神游离，叫他几声，他脸红红地坐着，趴在桌上半天不起来。

一天语文课，涵涵迟到了，迟到后的他竟理直气壮地站在教室门口，没有丝毫的愧疚。我当时很不理解，这究竟是为什么？我问了一句："涵涵，你怎么迟到了？"可涵涵头也不抬，盯着脚尖不肯说话。全班同学的目光齐刷刷地落在了他的身上，班里鸦雀无声，气氛紧张，大家都僵在这里。这时，我很想用教师的威严压服他，但想想还是忍住了，平静地让涵涵回到了座位上。

课后，我找到涵涵，一起走进办公室，示意他坐下。我没有批评他，而是心平气和地说要给他补一遍课堂上的内容，涵涵有点惊讶，显得"受宠若惊"，紧绷的脸舒展开来。过了一会儿，见气氛已经比较融洽了，我问涵涵："刚才老师问你为何迟到，不是想批评你，因为老师知道你自己也不愿意迟到。老师知道你自尊心很强，不想让老师批评你，也不想让同学们看不起你，是吗？"

涵涵终于敞开心扉，向我诉说了他的心事。原来，他的家庭比较特殊，父亲是香港商人，在深圳经商多年，但父母经常吵架，父亲最近不理他们母子，涵涵的母亲心情越来越糟，家庭生活有了危机感。

从此，我对涵涵多了一份理解。是呀，孩子为母亲忧虑而忧，为家庭焦虑而虑，好懂事的涵涵。在以后的一段日子，我对涵涵特别关注，时常和涵涵母亲通电话，建议她不要将不良情绪强加给孩子，生活上多给予孩子关心。此外，在涵涵的学习上，我尽量给予他更多的帮助，特意安排他坐在乐于助人的优秀学生身边，课堂上多提问他，尽管有些问题他回答得不那么理想，但我依然把鼓励送给他；课后常找他谈心，让他有机会倾诉内心的感受，同时也发动同学和他在一起，在他需要帮助的时候向他伸出援助之手。经过一段时间的帮助，涵涵的情绪有了明显的好转。虽然与别的同学比，他还显露些忧郁，但脸上的愁容少了，微笑多了，眼中的憎恨少了，性格开朗多了，学习成绩也有了明显进步。

做孩子的良师益友，让私密不攻自破

深圳市龙岗区横岗街道四联小学　郭 蕾

做孩子的良师益友，尊重孩子，理解孩子，和孩子打成一片，让他们真正地把你当成他们的亲人和朋友，他们自然而然就会告诉你他们心中的小秘密。

曾经有一个女孩在QQ上跟我私聊："老师，某某男生约我这个周日去书城。"我思考再三，轻松地给她建议："可以呀，去书城看书这么好的事情，你也可以约几个朋友一起去嘛！最后要分享你们在书城所得到的收获哟。还要注意安全！"周末结束，她又告诉我，她们几个好朋友在书城看书，遨游在知识的海洋中很快乐，还会相约在下一个周末，而且要一直坚持下去。听到这个消息，我也真心地替他们感到开心、快乐。

孩子有自己的小秘密，不想我们知道，无非是怕我们管理、批评。其实孩子很渴望得到我们的指导。通过这次这件事，他们更信任我这个老师了。如果我也只板着面孔说教，让孩子一味地学习，不许男女生交往，那样孩子们会离我越来越远的。现在孩子们平时不敢和家长说的话，都会主动跑来跟我说。做孩子的良师益友，让孩子心中的秘密不用煞费甘心就会自动呈现在你的面前，是多么轻松的事呀。

水瓶的水又洒了

深圳市龙岗区横岗中学小学部　黄伟红

上学期刚开学不久的一天下午，我上完一节课回到办公室刚坐下，一个女孩子就跑进来大声说："黄老师，小赋的水瓶又倒了，水瓶里的水洒出来，座位底下满地都是水。"我一听，连忙快步走进教室，只见小赋的座位下都是水，已经漫到他同桌那边去了，小赋拿着空水瓶，呆呆地站在一旁。去年，小赋的水瓶都不知道倒了多少次，每次我都把他狠批一顿，然后让其他同学拿拖把来把地板拖干净。现在升了一个年级，还是这样。

我心中一阵恼怒，刚想训斥小赋，却看见小赋满脸惶恐地看着我，他肯定想着我又会像以前那样训斥他了。这时，我想起暑假时看的《孩子·挑战》这本书的第十一章"消除批评和减少错误"中有这样一段话：我们和孩子在一起的时间很多，只要一看到孩子犯了错就立刻指正。我们习惯对待孩子的方法，似乎是努力把他们训练成毫无缺点的人。然而，其实我们只要静下心来想想，就会发现，我们都是在跟着自己的行为习惯走。如果我们的指向是错误的，我们就会朝着这个方向前行。而如果我们的关注点是帮助孩子改正错误，并且表现出我们信任他们的能力，还给予他们鼓励，他们的错误和缺点反而会因此得到改善。于是，我冷静下来，我决定换一种方法试试。

我走过去摸了摸小赋的头，轻声对他说："小赋，水瓶倒了，等下没水喝就会很难受了是不是？等下去办公室装点水好吗？"小赋有点疑惑地看着我，点点头。

我继续说："只是现在水洒得满地都是，你觉得怎么办才好呢？"小赋说："那我去拿拖把来把水拖干。"我点点头，于是，小赋去工具房拿来拖把，把水拖干，我问他："累吗？"他说："是有点累。"

拖干净地板以后，我问小赋："小赋，你能说说你水瓶的水为什么会洒在地板上吗？"小赋说："我喝完水，水壶的盖子没有盖好，同学一碰桌子，水瓶倒了，水就洒出来了。"我问："以前每次也是这样吗？"小赋说："有时我放在书包旁边的袋子里也还是会洒出来。"我接着问："你想过最主要的原因是什么吗？"小赋摇摇头，我说："小赋，你每次喝完水没有及时把盖子盖好、把水壶放好，所以桌子或者书包被人一碰，水瓶就倒了，水就流得到处都是，你这习惯可不好啊！"小赋抬起头，说："黄老师，我在家就是这样的，喝完水把杯子的盖子往旁边一丢，就不管了。"我笑了笑，说："原来你是从家里带来的这个坏习惯啊！不过，老师相信你以后会慢慢改过来，养成好习惯的，只要你用心去做，就一定能做好。"小赋也不好意思地笑了，说："黄老师，以后我一定会注意的，从明天开始我保证不会让水瓶里的水洒出来了。"我说："好，那我们拉钩，做不到是小狗哦！"小赋伸出手指笑嘻嘻地和我拉钩。

这次谈话以后，我发现小赋每次喝完水，都用力把瓶盖拧紧，真的好长一段时间没让水瓶里的水洒出来了。我趁热打铁，在班上三番五次地表扬他不再把水洒在地上了，每次听到我表扬，小赋的眼睛都闪着光，脸上露出灿烂的笑容。

早恋现象的原因及对策分析

深圳市龙岗区横岗高级中学　石　磊

青春期的少男少女正值情窦初开的年龄，情感细腻而敏感，易对异性产生好感，这是青春期生理及心理发展的一种正常表现，是人的本能。这种对异性表达爱慕的正常情感很容易发展为"恋情"，就是我们常讲的"早恋"。

在过去很长一段时间里，不论是家长还是老师，但凡看到男女生之间走得比较近，听到一点风吹草动，就如临大敌，惊慌失措，误以为是早恋，极力劝阻和打压，唯恐孩子因为"早恋"而影响学业成绩，进而牺牲自己的大好前程。

前不久，一则新闻引起了广泛的讨论：一个14岁的女生，正值豆蔻年华，因早恋导致成绩下滑，父母百般劝导仍无效。父亲发现女儿开房后，在盛怒之下，将女儿打到尾骨骨折。面对这样的悲剧，我们应该反思：对于孩子早恋，有没有更巧妙的解决方法？

不可否认，青春期学生应该把学习当作主要任务，早恋确实会消耗过多的精力和时间，给身心带来很大的创伤。当学生出现早恋时，家长和老师的通常做法是"一棒子打死"、对早恋进行生堵硬截。采取一味打击的方法，不仅不利于学生的健康成长，反而易激起学生的逆反心理，产生更极端的问题。很多时候，早恋的悲剧不是感情本身，而是家长或老师的不信任和粗暴的阻止。

随着时代的变迁，人们的观念与时俱进，早恋已不再是大家想象中的"洪水猛兽"，早恋现象的覆盖程度远远超出家庭和学校的判断，且越来越低龄化、公开化和成人化。无论是学校还是家庭，都面临着新的挑战。早恋其实意味着孩子的生理、心理在慢慢成熟。因此，在处理学生早恋的时候，与其去"堵"，不如去"疏"，给学生以适当的关心和理解，在保护学生自尊心的同时，引导学生合理、适度地与异性交往，这对学生建立积极、健康的爱情观、婚姻观有着极大的意义。

一、早恋的原因

1. 身心逐渐成熟，受外部环境影响所致

青春期学生的思想、身体加快成熟，他们渴望得到异性的关注，渴望与异性交朋友，这是身心发展的必然表现。但与此同时，家长与老师的性教育素养和能力普遍有限，严重滞后于青春期孩子的需求，未能及时有效地疏导青春期孩子产生的性困惑，恋爱观、幸福观、责任意识教育未到位，势必迫使学生通过非正常途径来了解。

在当今信息爆炸式增长的时代，获取信息不再是难事，中学生能通过多种途径来了解性知识，加之中学生的模仿力极强，很容易受到影视作品、文艺作品情爱观念的影响，从而引发早恋。

2. 父母关注不够或父母关系不合造成的情感缺失

对于在家庭中得到的关注不够或家庭不健全的孩子来说，多数时候，恋爱的对象只是一种替代物或象征物。孩子若在家庭中缺少父母情感上的关怀和支持，此时他们的内心是孤独而缺乏安全感的，他们渴求得到爱，很容易被同龄异性的关心所打动，就更容易早恋。他们通过早恋，从异性身上得到情感补偿。

3. 学习受挫、情绪低落，用早恋的方法来寻求寄托

当今社会竞争非常激烈，这给学生的心理带来了很大的压力。当他们处于紧张、担忧和焦虑等情绪之中时，他们渴望寻求倾诉与安慰，找到一个合适的情感释放口。而随着交往的不断发展与加深，异性学生之间往往就会产生早恋现象。也有一部分学生在遭遇学业失败或信心不足，自我价值被自己忽视甚至否定时，更易用早恋的方法在异性中寻求认同。

二、早恋的预防与疏导

了解了这些原因后，当孩子出现早恋时，我们可以针对孩子的情况，对症下药。我们要支持孩子与异性的正常交往，但对待早恋，教师要理解但不支持，那么，如何有效地预防孩子早恋？我们可以借鉴以下几种方法。

1. 善于发现

学生早恋现象常带有很强的隐蔽性和羞涩感，所以教师要善于发现。首先学生的精神面貌会发生变化，其次是衣着、行为、言语的变化。教师只要细心，定能发现线索。但不可随意给孩子贴上早恋的标签，不可捕风捉影，也不能用成人的道德标准来衡量孩子的行为。

2. 理解，巧妙地引导学生度过情感困惑期

要懂得学生身心发展的规律，就要设身处地地从学生的角度去看待他们所产生的各种言行和情感，并针对学生的思想热点进行针对性的教育，给学生讲解必要的生理和性科学知识，引导学生"发乎情，止乎礼"，向学生提出交往的底线和学习的基本要求，使他们一方面大大方方地与异性交往；另一方面又增加理智的意识，学会自我感情的调节与控制。

3. 一旦发现早恋，不声张，晓以利弊

教师的态度必须真诚，指导工作的出发点不是出于自己所处教育者的地位，而是以经历过类似问题、体验过类似困难的长者身份帮助学生解除困扰。教师可帮助学生树立远大的理想和培养强烈的进取心，把早恋的情感冷冻起来，把精力集中在学习上。同时鼓励学生多参加集体活动，充实自己的生活内容，迁移情感的注意力，用坚强的意志克制自己情感的流露。

对于学生的早恋现象，作为教育工作者一定要正视，要认识到这是学生在走向成熟的过程中出现的正常心理现象。同时要慎重处理，巧妙引导，切忌不明智的处理方式。

参考文献

王晓春.问题学生诊疗手册（第二版）[M].上海：华东师范大学出版社，2006.

把爱的阳光洒在孩子的心中

深圳市龙岗区横岗中心学校　赖晨芳

人们把教师称为"人类灵魂的工程师"，这是对教师职业的崇高诠释。多年的教师工作，使我对夏丏尊先生所说的"教育没有情感，没有爱，如同池塘没有水一样。没有水就不能成其池塘；没有情感，没有爱，也就没有教育"有了深刻的感悟。通过多年班主任的工作实践，我更加清晰地意识到，教育是一门爱的艺术，需要我们付出真心，关注点滴，用爱去浇灌学生的灵魂。在我的班主任工作中，我始终把真挚之爱、智慧之爱、鼓励之爱贯穿其中，陪孩子一起慢慢成长。

一、真挚之爱，坦诚以待

"小蓉，过来和我们一起玩'贴膏药'的游戏。"班上的几个女孩向小蓉招手，小蓉摇摇头，躲在运动场的角落里，默默地看着大家玩耍。"小蓉，这道题请你来回答。"面对课堂上老师的提问，小蓉慢悠悠地站起来，低着头不说话……

我刚接手四（2）班一周，这个瘦小、内向的女孩就引起了我的注意。她从不与班级里的孩子交往，喜欢一个人安静地低着头躲在角落。上课时，也不举手发言。老师点名，她也总是站着不说话，实在被问急了，就发出如蚊子般的声音，根本听不清楚。由于内向，她没有朋友，做什么都独来独往，成绩也令人担忧。于是，我开始课后经常找她谈话，使出浑身解数，她回应我的只有沉默。寻求她父母协助，由于家长工作繁忙，加之家长认为孩子从小到现在都是这样，不是什么大事，几次谈话均以无可奈何收场。

由于长期把自己放在"沉默"的外壳下，她失去了与老师和同学们的交流，使得她渐行渐远，处于"被排斥"的边缘地带。对于我的靠近，她的戒备心极重，要和小蓉建立信任还得从长计议。这天，小蓉的母亲打电话说孩子生病需要请假三天，挂完电话之后，我有些担心这个瘦弱、沉默的孩子。于是，在她生病的那几天，我每天都会打电话给孩子的家长，关心孩子的病情。虽没能和孩子聊上几句，但从家长的口中得知孩子知道我打电话关心她，她很积极地吃药、打针。再次回到学校的小蓉依旧沉默不语，和孩子的家长商量及征得小蓉的同意后，家长每天放学晚半小时来接，我把这几天小蓉落下的课给补上。从这之后，小蓉慢慢地有些不一样了，在我上课的时候，她不再低着头，眼睛会看着黑板，会在我询问时点点头或摇摇头。

雅斯贝尔斯曾说："教育的本质意味着：一棵树摇动另一棵树，一朵云推动另一朵云，一个灵魂唤醒另一个灵魂。"教师只有心中装着真诚的爱，坦诚地对待学生，学生才能慢慢地领悟教师一言一行、一举一动的可贵，教育才能取得意想不到的收获。

二、智慧之爱，促其成长

渐渐地，小蓉变得爱笑了，她也慢慢向我敞开了心扉。我知道，一个人的力量是远远不够的。我得积极发动全班孩子，形成合力，帮助她融入集体。于是，我召开了"欣赏自己"的主题班会，教育和引导全班同学积极树立自信心，学会欣赏自己，在欣赏自己的过程中发掘自我、完善自我，找到自己的契合点，去迎接挑战，实现自我的人生价值；同时还要学会欣赏别人，也接纳别人的不完美。班级因此出现了一个欣赏和被欣赏的融洽气氛。

仅仅用一节班会课拉近小蓉与同学们的心是远远不够的。作为语文老师的我，很快又想到了一个让全班同学重新认识小蓉的办法——日记接龙。小蓉就在我的安排下，默默地加入了班级的小组队伍中。为了使小蓉尽快融入小组，能与大家互动，我对接龙日记的内容不做要求。孩子们可以写现实生活中的事情，也可以写想象中的事物；可以表达对事情的看法，也可以描述自己的心情。对于这个既没有难度又好玩的作业，小组的同学们个个热情高涨，认真地记录自己的"作品"。而小蓉呢？完全不在乎，只是应付式地记流水账。组长见小蓉没有积极参与日记接龙，心里着实着急。于是，他召集小组的其他同学，商量在她写的日记下面积极留言鼓励。小组还经常利用中午或其他休息时间拉着小蓉一起对小组成员的日记进行评价。同时，我也借助这个契机，选出一两篇优秀或进步最大的日记，利用午读时间让日记的作者或者由我在班上朗读，分享写日记的快乐。就在这样的不断鼓励下，小蓉变了，她被同学们的鼓励、尊重、理解所感动，和同学们的互动越来越多，开始慢慢地融入集体，和大家交流自己的想法。

每个孩子都是独特的，对于任何一个学生我们都应该"不抛弃，不放弃"。只有揣着一颗智慧的爱心，给予他们充分的理解和帮助，让他们体会到关心和温暖，他们才能向着阳光茁壮成长。

三、鼓励之爱，点燃希望

时光荏苒，白驹过隙。小蓉已经是六年级的学生，校园的角落里依旧能看到她的身影。不同的是，她的身影不再孤单，而是有了朋友的陪伴，爽朗的笑声在校园里回荡。前不久的一篇作文《老师我想对您说……》打开了她的话匣子。她说以前她是个自卑的孩子，对学习没有目标，觉得生活也没有意义。现在她的想法改变了，她发现老师很慈爱，同学们很友善，学习是件只要肯努力，就会变简单的事情……长大后，她也要当老师，把爱传递下去……

读着她写的文章，我的眼睛湿润了，脑海里浮现出她的点滴变化。我越来越觉得自己作为教师，身上的责任非常重大，在教师的教书生涯中，除了教给学生丰富的知识外，还要帮助学生明确人生的目标，点燃学习的希望。

物换星移，真挚之爱、智慧之爱、鼓励之爱已融入我的班主任工作。在今后的班主任工作中，我会加倍努力地播撒爱、践行爱，让班级时时充满阳光，让孩子们的脸上时时洋溢微笑，做一个把爱的阳光洒在孩子心里的优秀班主任。

让人头痛的"小魔头"

深圳市龙岗区横岗中心学校　江卓妮

李小龙，中国功夫的首位世界推广者，几乎家喻户晓，他独创的"截拳道法"能快速制敌。前不久李小龙的经典招式出现在我们的教室，只不过，双节棍换成了雨伞。

刚开学第一堂课下课，我刚走出教室门，就听到有同学追上来："老师，小李发疯了。"我一听小李的名字就顿觉不妙，赶紧跑回教室，只见小李拿着他的武器——雨伞，爬上书柜，一个俯冲，雨伞的柄差点落到另一个同学头上。周围的同学吓得抱成一团。

于我们老师而言，小李就像班里的"小地雷"，不知道何时就会"引爆"，所以，作为班主任，我的神经得时刻紧绷着。

小李，一个让各科老师头疼的"小魔头"。

小李不仅自己不好好学习，还影响一大片其他的同学。据科任老师反映，小李上课经常注意力不集中，坐不住、爱说话，还喜欢接话茬，故意顶撞老师，有时甚至出言不逊。这让上课老师心里堵得慌。为了加强对他的管理教育，老师们上课时不得不放慢节奏，但收效甚微。我们一起来听听各科老师是怎么评价他的。

数学老师无奈地说："小李同学每次上课铃声结束，都要在教室绕场三周，非要我把他带回座位。很多时候，把他拉进座位，他又跑出来了。"

音乐老师也忍不住站起来说："上课总是发出猴子一样的声音，一批评就嬉皮笑脸的，喜欢戳戳这个动动那个……"

"上课坐不住，总爱走来走去。一会儿走到教室门口，一会儿走到教室后面的书柜旁找书看，来回换书，一会儿走到同学的桌旁看着或者蹲着。"英语老师一边说，一边摇头。

科学老师声色俱厉地说："有一次，他跑到别人的座位旁谈论游戏，还用手当枪，说要打爆同学的头。两人聊得很起劲，顺势跑到讲台上来。我批评两人，小李一冲动，直呼我的名字，开始指着我骂了起来。"

书法老师说："有一次，他上书法课画画，被我批评后消停了一会儿，但一放学就把字帖从楼上扔下去，差点砸到正在楼下玩耍的同学。他还把粉笔磨成灰，把灰全倒在同学的午餐上。"

体育老师说："上体育课时，他故意把球扔到九年级月考场地，扰乱考试秩序。"

这就是各科老师眼中的小李。

有一次上课，我一进门就看到小李在发脾气，原来是数学题做错了一道，被数学老师批评，他无法原谅自己。对待自己喜欢的学科，他真是一个高自尊、高要求的孩子。我简单安抚了几句后，开始上课。临近下课，我刚给同学们调完座位，小李就冲到前面要打同学小梅。原来小梅是另一组的组长，看到小梅调过来跟自己同组，小李担心自己的组长地位受到威胁，就冲上去要打小梅。哭笑不得之余，又可以看出他非常重视自己班干部的荣誉和身份。

一、种种问题，重中之重

小李有这么多的问题，我想不能见一个管一个。于是我先捡最重要又比较好改的缺点——课堂上喜欢走动或者顶撞老师，扰乱课堂纪律，从这个问题着手，其他的，先装作没看见。

首先我了解情况，不急于做出是非判断。我多次观察，发现小李在顶撞老师之后，脸上会透着一丝得意，或者眼睛不时查看周围同学的反应，如果周围有人嬉笑，小李就更起劲了。由此我猜测他顶撞老师，主要是为了自己出风头，引起他人注意。

二、课上规避，课后交流

作为老师，我每天都仔细琢磨如何把课上得尽可能吸引每个学生。每次上课我尽量不去刻意关注和教育小李，坚决不被他牵着鼻子走。希望以此让他体会到：你不是捣乱吗？那就请你先靠边站，什么时候你能遵守基本规则了，你再回来，我们欢迎。

我多次利用边角时间找小李谈话，如课间或者跑操的时间，每次聊天并没有很长，三五分钟左右。希望让小李感受到，老师在持续地关注他。为了降低他上课随意走动对同学带来的影响，我告诉小李可以在教室后面横着走，不要往前面走。每次教育，他都是虚心接受，但是坚决不改。

三、曲线救生

因为小李捣乱是需要市场的，没有市场他就扫兴了。我想只要其他学生不跟他走，大局就安定了。我找到他周围的同学个别谈话，请他们帮忙，上课做"木头人"，要求他们上课时不管小李怎么骚动，都别动，也不要回应小李。他走来走去，就装作没看见，如果妨碍视线，轻轻地把他推开就可以了，让他学会收敛。但是下课一定不能对他冷淡。我想让他明白上课和下课的区别。等这些学生习惯之后，我再一次扩大一点规模，找了更多学生。慢慢地，我发现这个班的课堂一天天安静下来。

四、适度奖惩，因人设岗

平时我注重通过活动创造机会来引导小李把他的表现欲转化为更成熟的成功感。因为小李很爱画画，我为他量身定制了机会——让小李当宣传委员，负责黑板报。他很认真，开学初他负责的黑板报得了一等奖。

3月的义卖活动，他还主动帮班级购买物品。他在周记中写道："这次义卖活动我主动承担起搬运物品的责任。一个人搬着24瓶矿泉水回到教室时，胳膊酸痛得抬不起来，但我的心里很踏实、很自豪，因为我是班级的一分子，就应该为我的班集体做点什么。"

当然，当他上课控制不住自己时，我会适度给他点小惩罚，把他请到一个单独的座位或者上办公室，不准他乱动。

五、分类整理、保存班级管理相关资料，寻求帮助

我认为，关系到班主任的重大权益甚至个人安全的资料，是必须保存下来的，所以平时我养成了分类保存资料的工作习惯，为应对可能出现的意外变故留下凭证。

我的电脑里有一份电子档案，里面全面记录了小李学习、常规、参与活动三个方面的信息。平时小李的违纪行为我都记录在本子上，让小李确认签名，有时还会通过短信平台和书面形式送达家长手中，并收取家长回执。

由于小李在一年级时因确诊为多动症而停学一年，我认为教育这类学生对教师的专业水平、心理学知识和社会经验要求比较高，难度很大，弄不好容易出事。因此，遇到事情，我都积极与小李的爸爸沟通，还经常请学校的心理老师帮忙。

巧用心　乐"种树"

深圳市龙岗区横岗街道大康小学　肖雪峰

做一名班主任没有十八般武艺还真有些吃不消，一大早检查包干区，一会儿又去查早读、查人数，检查好日常规，一堆表格等着你去填报，忙碌中又有人报告某某与某某打了一架，那边组长抱来没收齐的作业，又投诉谁在课间乱跑乱撞碰伤了……班主任工作就是这样一份"大事小事身边事，事事关心"的事业。

班主任工作更是一份富有创造性和艺术性的工作，每天面对一个个鲜活的个体，不动一动脑筋，真的会被这一群小不点儿给斗败。有时想想为何要天天与这一大群孩子斗智斗勇，弄得自己筋疲力尽，何不像一个园林艺术家一样，把他们当成一棵棵小树，你去扶一下，它就成长得更加苗壮；你去修一下，它就成长得更有个性……用这样的好心态去创新思维，用期待"桃李满天下"的美好景象来给自己不断打气，付出真心，好好琢磨怎样去干出点"名堂"，能让学生开心、家长放心、自己舒心……

一、严律己，善待人——好榜样给"树"立威严

怎样的班主任在学生眼里是最受欢迎的呢？具有公平公正、知识渊博、幽默、宽容、民主、诚信等特点的班主任，学生特别喜欢。相信我们知道这些就知道了努力的方向。

师德师风有一条写得特别好：律己树人。作为班主任，第一，对工作要充满热

情，有为学生服务的精神，用一颗快乐的心去做，自然会感染我们的学生。第二，班主任要用机智的策略来管理班级，利用每个学生当好小干部，人人有事做，事事有人做。不怕谁忙坏了，谁又有空捣乱。第三，具有较好的教学能力，用生动的课堂激发和提升学生。我常思考如果我自己是个学生，我的课我会爱听吗？我努力求实创新，以生为本，生动有趣的课堂能让学生乐学乐思。

二、雅环境，细熏陶——充足养料供"树"成长

雅环境包括班级环境和心理环境。

几十个班级组成了我们的学校，班级环境是美好校园的一角，班主任可以做到的就是把自己的一亩三分地收拾得干净得体。全班总动员，有些学生积极性特别高，把自家种的小花小草也搬到教室为班级大家庭增添生机，再加上我们校园的古榕树、香樟，绿色、和谐的成长家园自然会产生教育中润物细无声的效果。

我平时也很注重给学生提供好的心理环境，师生一定要心理相容，班主任要懂得营造和谐友好的氛围：好事发生时，大力宣扬。每当学生做点什么好事，我都要在班级群里发照片点赞；当学生下课了还讨论课堂的疑点、争论不同看法，劳动时，××把地拖得特别干净……这些时候我总要放大了表扬，树模范、扬正气，有时候对学生有不解或者误会，我就利用"班级悄悄话"让学生用网络与我沟通。每一个有智慧的班主任都可以做得更到位、更得体。

三、真情谊，化冲突——关爱"每棵树"的成长

作为班主任，对学生要倾注无限的热情和关爱，尊重他们并以诚相待。我用爱滋润学生，一旦感化了学生，学生也会用真诚对待老师，敞开自己的心扉。这学期我班代表学校参加校歌合唱比赛，并不是每个孩子一开始就能唱好，并不是每个人都能坚持枯燥的发声练习。学生有情绪怎么办？我得给他们做思想动员工作，有时陪着他们一起练，有时给他们打气，给他们听尼克·胡哲的演讲。我的课堂上也会教他们唱些好听的励志歌曲《中华颂》《活到老学到老》……因为要练歌，打扫卫

生怎么办？学习任务紧又怎么办？同学们一起商量，分工合作，平时上课更加用心了，还用最短的时间做好功课和打扫……有些学生心里惦记着为校争光，对比赛产生了焦虑，担心唱不好，我积极开导，正如校歌里唱的"我在这里健康成长"，唱出心声就是最好的。学生真的做到"静得下心，学得开心"，唱得更带劲。比赛前有个学生生病了，在家长的陪同下还坚持来彩排，我们都被感动了。功夫不负有心人，我们班的同学在街道校歌合唱比赛中喜获第一名，代表街道参加区比赛获得"最佳演绎奖"。

班主任最苦恼的就是不那么乖巧的孩子，怎么办？周弘的"赏识教育"提醒了我，对孩子都要尽心尽力，多多夸奖，多竖起大拇指。特别苦恼的是那些爱捣蛋的学生，你得和他"打持久战"，既要依靠家长的力量，但更多时候，又不能完全放手，一切得靠自己，反复抓、抓反复。

四、多活动，促团结——感悟"森林"的魅力

丰富多彩的活动是提高班级集体荣誉感的必要手段。我鼓励学生参加学校各种社团和比赛活动。有一次主题活动要表演课本剧，我把编剧的任务交给爱写作、会画画的小嫣，她创作很成功。一个多月的编排练习，全班同学八仙过海——各显神通，这次综合活动获龙岗区第一名。我班上学生参加合唱比赛、足球队、弹唱团、法制录像课等也都获得荣誉。我想最重要的是他们在活动中成长，在团队中树立信心，学会勇往直前、分享与责任担当。做班主任要懂得投其所好，把舞台留给学生当导演、当主角。

五、定目标，立志向——成就栋梁之材

人生是船，理想是帆。作为班主任，我们要着眼未来，为学生健康快乐的人生启航，帮助学生树立人生的目标，以此激励学生。班上的女生加入女足队伍，女生都爱美，要晒成"铜锣"多不开心，还有身体的碰撞，受伤在所难免，也让许多孩子不能坚持下去。我们得做家长和学生的思想工作，做好学生身心的关怀。我把正能量传递，让学生学本领，让每个学生找到目标、树立理想，挖掘他们的潜能，激

发他们的斗志！看着女足队员自信的笑容和捧回的奖杯，我们全校师生和家长都幸福满满。

班主任一直很努力，一定要巧用心思，乐于"种树"，让每一天都有一桩桩美好的故事等着你。

📖 参考文献

周弘.翘起你的大拇指［M］.广州：广东南方日报出版社，2009.

美丽的遇见

深圳市龙岗区横岗聚英小学　朱燕红

"朱老师是我小学生涯中最美丽的遇见，是她鼓舞了我，激励了我，帮助了我……"我读着我班彤同学的作文，泪水不禁湿了眼眶，脑海里浮现出一幕幕场景……

犹记得2019年9月的一个午后，阳光正烈。我坐在教室里看孩子们午读，突然彤哭哭啼啼进了教室，我走过去询问发生了什么事情。她不说话，趴在桌子上一直哭，嘴里念叨着"全世界都不懂我，你们不懂我"。我一转身，她将桌子上一张英语试卷撕碎，放入她的水杯中，然后立即喝了下去，我还没来得及制止，她已经喝完了。喝完她冲出教室，去了女厕所，将自己反锁在里面。我随即追赶过去，安慰她让她出来，她就是不出来，在里面哭哭啼啼的。见情况不妙，我赶紧叫班上两位女生守在女厕所旁，自己则去找德育处主任寻求帮助。待我和心理老师赶到的时候，看守的两个女同学告诉我，刚才彤同学从厕所出来了，往楼下走了。我们一听，慌了神。她会去哪儿呢？于是我们调监控，到处找人。费尽周折终于在三楼的女厕所里找到了她。随后心理老师用尽办法安慰、劝说，她才肯从女厕所出来，跟着心理老师去了心理咨询室。

此事后，我对彤这个性格内向又安静的孩子的关注便多了起来。

2019年10月的一天，彤的爸爸在班级群发了条信息："煊，不要老叫彤去你家，等下彤回来要挨打。"此信息一发，群里家长炸开了锅，纷纷指责彤爸干涉女儿交友。接着她爸爸直接在群里回复："煊经常早读迟到，她家长不怎么管，会影响我家孩子，我很担心。"群里回复更多了，家长们纷纷在群里表态。我见状赶紧在班级群"灭火"。

班上谁都知道，彤是个优秀学生，成绩非常优异，但是性格内向，几乎没有朋友，课堂上也不会举手发言，跟异性更是距离疏远。自从煊转学来我班之后，便成了彤形影不离的朋友，煊的成绩在班级中有待提高，经常迟到、不写作业。但是煊性格开朗，喜欢帮助同学，而且上课也很积极举手发言，这点和彤真的是互补。但彤爸在群里此言一出，引起了不小轰动。那天下午，彤把日记本公开给了大家看，她的日记里多次提到死。她在日记里写到，学校的生活是开心的，非常开心的，但是回到家是抑郁的。她和父亲几乎没有沟通，父亲对她几乎是责备和训斥，没有肯定。周末的时候妈妈带着2岁的弟弟出去玩，而她的周末只能在家学习，看书写字，每天回到家的生活让她看不到自信与希望。来到学校有了煊这个朋友，让她觉得生活又变得很有意思。现在她爸又干涉她和煊的交友，让她痛苦不已。她的日记记录了很多学校的开心事，但是对于家庭的事，她在日记里都是用"真该死"来描述。这是一个多么需要关爱的女孩子啊。

几天后的下午，科任老师反映彤不在班上，我顿时吓坏了，马上出来找人，联合其他老师一起找，最后在学校体育馆四楼的天台上找到了她。我抱住了她，跟她说别怕，老师永远是你的好朋友。接着我带她去了心理咨询室。从心理老师那里得知，需给彤更多的关爱，让她打开心扉去结交更多的朋友，这是目前我们老师的引导方向。自此，彤成了我的重点关注对象，我几乎每节课的课间都会去班上盯一下，看她是否在座位上，看她是否需要帮助。

私底下，我们几次邀请彤爸到学校，跟他如实反映孩子在校的一些情况，彤爸也意识到自己的严厉教育对孩子产生了不良影响，深感愧疚。在老师的一同帮助下，彤爸给孩子请了假带她去专业的心理机构咨询。

家访的时候，我专挑彤家，她很开心，一直在家等我。去了她家，她主动带我去参观她的卧室，还主动要求和我合影。看到她逐渐绽放的笑容，我也开心了许多。

一次我逛超市，看到有大的布娃娃，想起家访那天去彤的房间，留意到她很喜欢这些布娃娃，于是我买下来，作为送她的礼物。当我在学校把这份礼物送给她的时候，她开心地大笑，抱住这个娃娃紧紧不放手，我告诉她"朱老师一直很爱你"，她笑得更开心了。

接下来，我经常找她聊天，有时给她一个苹果，告诉她这是个幸运果，吃下去会更幸运，她马上大咬一口。她在课堂上越来越敢于举手发言，而且还会主动提出帮老师做事。就这样，一学期下来，经过我的努力，我看到这个孩子在转变，她脸上的笑容越来越多。我心里的石头也慢慢放下。

学期末，我收到一封信，是彤写的。

"您，如黑夜中的一盏明灯，照亮我前行的道路，带给我启迪，带给我温暖……是您在我迷茫无助的时候，安慰了我，鼓励了我，激励了我，带给我深深的关怀，我的班主任，我的恩师，朱老师，有您，真好，您是我小学生涯中最美的遇见。"看着看着，泪水模糊了我的双眼，和彤的相遇，何尝不是我教书生涯里美丽的遇见呢！是她鞭策着我这个新教师的成长，让我更加明白教育这条道路上的爱、责任与担当啊！

那些我教过的孩子

深圳市龙岗区横岗街道四联小学 黄文君

今天翻看QQ空间，发觉我以前还挺喜欢写东西的，读读自己与学生的故事日志，许多事又浮现在我的眼前。嗯，那些学生的名字忘了好多，学生的样子还是模糊记得的。有些事情特别难忘，比如有一个叫小达的学生，个子小小的，瘦瘦的，我刚来这个学校教书的时候，他也刚从惠州一所学校转过来，成绩一般，但是人很聪明，很会理解别人的话。常常我刚说开始的一两句话，他已经明白后面我要讲的意思。一次，我在做考试前的动员，要求他们诚信考试，不要作弊。我举了三四个例子吧，然后小达马上就反应过来了，他说："老师，你举的这些例子不是教我们作弊吗？"他这么一说，我醒悟过来了。嗯，我不能将具体的做法说出来。结果呢，我那个考试动员只好草草收场。另外，我还记得我们班的副班长，她是从福建过来的学生，当时在五年级，她有个弟弟也在我们学校，弟弟长得比她还高一些。她的名字我一直记得：小君。因为她这个人很有性格，很勤奋，还很倔强。给我印象深刻的是有一次一个同学跟我告状说，有些同学在黑板上乱写乱画，这样会影响老师上课。我们班会课上刚做了一条临时规定，说不可以在黑板上乱写乱画，如果乱写乱画就要受罚。后来我发现原来是小君写的。我找她谈话，她承认了是自己乱写的。因为她是副班长，我想要她带个头，做个好榜样，班干部不要带头在上面乱写。于是她说她自己罚，就罚自己把原来写在黑板上的那句话写50遍。她说过之后我已经原谅了她，忘记了这件事，可是第二天下课的时候她走过来，低着头，一句话也不说，到我面前就把一个本子给我。我很好奇，打开一看，密密麻麻的文字，她真的把那句话写了50遍。真是说到做到！她其实对自己要求很严格，用实际行动来对自己的言行进行纠正。后来我在改她的作业时发现，我没有布置的作业，她也把每道题抄好，工整地写在本子上，我觉得很了不起！后来她考上了汕头大学，应该也做了老师，但是毕业之后，我们就再也没有见过，也没有联系过了。

班上还有一个叫小彪的，这个同学倒是像被小君传染了一样，也很倔强。他是很随意、很大度的一个人，但也很调皮，所以经常会跟同学闹些矛盾。有一次隔壁班的调皮鬼就叫了自己的哥哥来要在学校外面打小彪，这个消息被其他同学知道了之后告诉我，然后我把这个事情很好地处理了一下。于是他很感激我，我的话他都爱听。有一次他违纪了，然后他说罚自己在操场上跑10圈。我们的学校操场不是很标准的那种，200米左右一圈，10圈就是2000米，对一个四年级的学生来说，还是十分巨大的挑战。我以为他就这么说说而已，但是据同学们反映，他后来真的去跑了10圈，倒是一点事儿都没有。看来他身体素质倒是挺棒的。后来小彪高中毕业后去做了警察，估计也是发挥了特长。他有几次到学校来，找曾经教过他的老师聊天，也会找我。有几次他在学校附近见到我，也远远地就跟我打招呼，他对老师是一种由外到内的尊敬。

如果说以前教的学生比较成熟一些，那后来教的这些学生就比较小孩子一点，没这么成熟。但我感觉所有孩子都是那么天真可爱，只要我们不天天教他们学习、写作业，都会觉得他们可爱。有位叫小豪的同学由于三四岁时生过一场病，脑子不灵光，记什么东西都很难记住，特别是学习方面。但是他对人很好，对我也很好，我对他也特别照顾。他觉得这个老师不歧视他，反而觉得他有用，他会更加回报老师，当我需要矿泉水瓶的盖子垫桌椅脚时，他花了两个中午、两个下午的时间到大街小巷收集，当宝贝一样带去学校给我，他妈妈说这是他第一次这么认真地做一件事。后来，凡是别人认为的脏活累活苦活，他都愿意去干，总之，他就是默默奉献的一个人。他的家长也很支持他，很开心他在学校能快乐起来。每次生日他也会邀请我去他家参加生日会，即使后来我没有教他课了，他生日那天还会记得邀请我。不知道他现在有没有实现他想，当一名消防员的那个愿望。

还有一个学生小轩，他其实是一个心地善良、对同学很友善的人。开始同学们对他不了解，有些人爱去捉弄他，他找不到更好的方法来发泄，于是他就乱发脾气，故意弄出很多响声，让别人去注意。但是他发现我很愿意接近他，经常去帮助他，跟他家长一起教育他后，他慢慢懂得了我对他的关心。所以，他每次见到我都是乐呵呵地笑，跟我打招呼。即使后来我不教他课了，他在校园里见到我还是很开心，希望我有一天回去再教他们，给他们上课。

今年也有个叫小游的小家伙特别讨喜，胖墩墩的，从来不怕打。据他奶奶说他被爸爸妈妈打惯了，已经不怕打了。一年级的时候我总是觉得他就是《蓝精灵》里面的那个"爱生气"，什么都觉得讨厌。如果我对他提出的问题没有及时回应，他就会很生气地在那里说："讨厌，我不喜欢你这个老师了，哼，我明天不来上你的课了。"但是明天他就把这个事情忘了，早上来的时候还是热情地跟我打招呼，以至于后来他每次跟我说这句话的时候，我总是回他一句："好的，明天见。明天我要是看到你，我就要远远地跟你打招呼。"以前教的学生是比较成熟的，高年级可能喜欢说到做到，比较有责任意识。现在教了低年级的学生，就觉得他们很可爱，虽然你会觉得他们的话里有一些比较幼稚的成分，但是与他们接触多了，感觉自己也年轻了很多。

总之，在小学里面做一个孩子王，把自己的心思用在教育事业上，那就对了，其他的都不用去想，开开心心地去工作。成就了学生，自己也成长了，这一拨学生毕业了，接着还有下一拨，我们就是做"人梯"的，就是在做一份平平凡凡的工作。做一名普通的小学老师，我觉得这样挺好。

期待你变得更好

深圳市龙岗区横岗中心学校　李春苑

今年（2019年）接六年级的一个班，班上有一个学生叫小杰，他表现突出：经常爆粗口、行事冲动、学习成绩差。听说一到五年级时在学校经常跟人打闹，班上同学都很怕他，每任班主任怎么说他，怎么教育他，他依然是我行我素，一切都像外甥打灯笼——照旧。

为了更好地教育他，我找来了班上的班干部了解情况。班干部给我讲了这么一件事：一年夏天，在学校小店，一个六年级学生把他撞倒在地上，还嚣张地走了。小杰也不怕他长得高大，追上去后一把拉住他并说："你撞到了人，难道不用道歉吗？"那人轻蔑地看了小杰一眼，傲慢地说："我认识你吗？为什么要道歉，在我的字典里从来没有'对不起'这三个字！"小杰一听，大声嚷道："因为你撞到了人！不爽是不是，打群架啊！"那人说道："打就打，怕你啊，你拽什么拽！"小杰说："好啊，下午小店见！"当天下午，小杰叫了许多六年级和五年级的人去小店，想不到，那个六年级的学生竟然没有来！估计是听到风声，怕了。小杰回到班上放声大骂："这个臭小子，那么不要脸，放我鸽子！"

对于这样霸道又"老油条"的学生，我得想想办法把他转变过来。按照以前的教育方法，估计行不通。对待这样的学生，得让他喜欢我、信任我、佩服我，建立良好的师生关系，改变由此开始……

首先我要让他知道我是一个博学多才的好老师，于是我经常在语文课上"吹牛"——上课怎样要求的，读过哪些书，上课的时候注重课外知识拓展，教过的学生怎样厉害，等等。看着小杰不屑的眼光，我又渗透这些信息给我的学生：我最不喜欢找学生家长，如果你支持我，我也支持你！这时再看小杰，他好像若有所思。光"吹牛"也不行，得让他尝尝我的"厉害"！

我要让他喜欢我上的课。上课的时候，我摈弃了课改前上课的中规中矩，想办法让学生们都喜欢我上的课，再喜欢我这个老师，学生的成绩自然就上来了。上课的时候我讲究幽默风趣，比如，一个字，我能说出一些幽默风趣的话，时时让学生哄堂大笑。如班上的一个学生叫小维，有次他因粗心大意做错试卷题目，我就很严肃地对他说："杨利伟是一名航天员，他得非常认真、细心，要不然，分分钟留在太空回不来地球啦。你跟他同名哦，长得又帅，必须更加认真、细心才好，免得给外星人做了女婿哦！"学生静了好一会儿，才个个笑得人仰马翻，小维也很不好意思地笑了，下次考试，他细心多了。小杰同样笑得眼泪都快出来了。

在我的"熏陶"下，我发现我的学生也幽默起来，其中就有小杰。有时你会看到他跟同学开开玩笑："嘿，你的鞋带掉了！"同学看看自己的鞋带，发现没有掉，生气了。他忙说："开玩笑的，大姐，别打我！"那同学是个男孩子，马上忍不住又笑了。

报纸上刊出意外伤害事故的时候，我趁机拿着报纸教育班上的孩子，做事不能冲动，冲动是要付出惨重代价的。看样子这样的教育很有成效：班上的一个同学惹小杰，小杰当作没听见，也没理他，后来听到他骂自己的妈妈，便昏了头，脑子一热，一拳打了上去。班上的学生马上跑到办公室，告诉我。我把小杰和那个同学叫到了一旁，问他们为什么打架。小杰抢先说道："老师，他骂我，我听你的，没有理会，可是他还变本加厉，骂我妈妈，我当时冲昏了头，就……"我点了点头，示意他不用再说了，便转身问那个同学："你为什么骂他？"那个同学见我生气了，又因为是自己先招惹小杰的，顿时无话可说了。见此状况，我叫他们回到自己的位置。接着我走上讲台，拿起话筒，说："同学之间应该互相帮助，为什么要这样呢！这次先表扬小杰刚开始的克制，可以设想如果能继续克制下去才有效果。我不希望下次再看到我们班有这样的事情发生！"借此机会，利用班会，给学生们上了一堂"校园生活与沟通"的课，并请小杰和另外几个同学进行了"如何正确处理冲突情节"的模拟，通过良好的互动模拟训练，让学生学会克制。

班上的学生上课有一部分人不做课堂笔记，我就对他们说："好记性不如烂笔头！"意思是说"你记性再好也不如上课做课堂笔记的时候好"。我还叫他们好好想一想，上课做课堂笔记你永远可以看，记在脑子里就算你能记一个月，但是你能记住它一个学期吗？不能。所以，我们从小就要学习怎样去做课堂笔记。这个时候正是教育小杰的好时机。就这样，我一边认真上课，一边随机教育我班的学生，中段考试成绩发布，班上的整体成绩又有了质的飞跃。

学生们都非常信服了，也喜欢上我了。特别是小杰，我经常指导他，推荐他看一些他比较感兴趣的书籍，如郑渊洁写的系列书籍等；还将他推荐给体育老师，练习篮球学习训练……

从此，有关小杰的投诉越来越少，他给我们的惊喜越来越多：上课不再捣乱、睡觉了，认真了很多；不再欺负同学了，帮助别人的情况时有出现；参加全区作文比赛还获得了一等奖……

改变，其实是新的选择。自我改变，更是最好的选择！学生是如此，老师更是如此。教育承载着未来，学会改变，相信改变，未来也必然改变。期待你变得更好！